KB272653

현대미술에서 훔쳐온 욕망의 공식

왜 끌리는 브랜드에는
틈이 있을까

윤상훈 지음

미래의창

차례

2. 시선을 빼앗는 법
— 거리두기와 충돌하기

3. 경험을 재편하는 법
— 경계넘기와 물들이기

4. 기억에 남기는 법
— 드러내기와 잘라내기

5. 최고의 틈
— 비워두기의 기술

에필로그

프
롤
로
그

데이터가
시키는 대로 했는데
왜 안 팔리는가

팔릴 것 같지 않은 것들이 상상을 초월하는 가격에
거래되고 사람들을 열광하게 하는 장면을 우리는 심심치
않게 목격한다.

현대미술가 마우리치오 카텔란Maurizio Cattelan은
전시장 벽면에 바나나 하나를 회색 테이프로 붙여놓고
이를 예술이라 불렀다. 더욱 놀라운 점은 가격의 추이다.
2019년 아트바젤 마이애미에서 처음 공개되었을 당시
한 프랑스 컬렉터에게 12만 달러에 팔렸던 이 작품은,
2024년 11월 소더비 뉴욕 경매에서 다시 한번 주목받으며
620만 달러, 한화 약 92억 원에 낙찰되었다. 몇백 원짜리
바나나가 누군가에겐 시대의 아이콘이자 수십억 원의

자산으로 변모한 것이다.

해골이 그려진 캔에 담긴 '리퀴드 데스Liquid Death'라는 생수가 있다. 직역하면 '죽음의 물'쯤으로 풀이된다. 광고에는 피가 난무하고, "갈증을 살해하라"라는 도발적인 문구가 눈길을 끈다. 우리가 알던 깨끗하고 건강한 생수의 이미지와는 정반대다. 하지만 이 브랜드는 2019년 출시 이후 기업 가치 14억 달러를 돌파하며 유니콘 기업 반열에 올랐다. 그 안을 채운 건 알프스산 물일 뿐인데도 말이다. 무엇이 한낱 물에 이토록 거대한 가치를 부여했을까.

수십억 원에 거래되는 예술품과 상식을 파괴하며 팬덤을 만드는 제품들. 이 가치 창조의 원리를 내 사업, 콘텐츠, 브랜드에 이식할 수 있다면 어떨까. 돈 많은 소수의 유희, 유별난 사업가들의 운 좋은 사례로 치부할 문제가 아니다. 분명한 방법과 논리가 존재하기 때문이다. 이들이 보여주는 성공은 데이터를 분석하고 시장의 요구를 충실히 복제한다고 해서 얻을 수 있는 결과가 아니다. 오히려 시장의 기대를 배반하고, 그 여백을 자신만의 세계관으로 채워 넣는 고도의 전략에 가깝다. 이 지점에서 우리는 현대 미술가들의 행보에 주목해야 한다. 저널리스트 애나 루이 서스먼Anna Louie Sussman은 오늘날의 예술가가 더 이상 순수한 개인이 아니라 기업과 다름없는 브랜드로 기능한다고 지적한다. 소셜 미디어와 거대 자본이 결합한 시대, 예술가들은 신비주의 뒤에 숨지 않고 스스로를 투명하게 마케팅한다. 나아가 정보가 범람하는 시대에 대중의 시선을 단숨에 장악하기 위해 이들이 전략적으로 활용하는 논란은 브랜드를 최정상으로 끌어올리는 필수불가결한 장치가 되기도 한다.

메시지를 기획하는 사람이라면 한 번쯤 이런 고민을 한다.

"데이터가 시키는 대로 했고, 시장이 원하는 기능을 모두 담았다. 그런데 왜 소비자는 우리의 진심에 응답하지 않는 걸까."

과거에는 싸고 튼튼하면 팔렸고, 기능이 뛰어나면 선택받았다. 지금은 상품성을 갖추었음에도 소리 소문 없이 사라지는 상품과 콘텐츠가 넘친다. 막대한 예산을 들여 데이터를 분석해 제작한 영상보다 어설프고 평범한 영상이 압도적 호응을 얻는 장면도 낯설지 않다. 기능과 품질은 차별화의 무기가 아니라 시장 진입을 위한 최소한의 입장권이 되었다. 데이터는 여전히 훌륭한 도구지만, 데이터만으로는 결코 닿을 수 없는 영역이 존재한다. AI의 등장으로 정보와 플랫폼의 접근성이 평준화되면서, 그 영역의 중요성은 더욱 커지고 있다.

기능과 품질이 더 이상 무기가 되지 못하는 시대, 누구나 데이터에 접근할 수 있는 시대에, 기획자에게 남은 것은 무엇일까. 이 책은 그 답을 틈의 설계, 즉 갭 디자인Gap Design에서 찾는다. 그리고 이를 가장 먼저, 가장 치열하게 탐구해온 영역인 현대미술을 나침반으로 삼는다.

여정을 시작하기 전에, 한 가지 제안을 하고 싶다. A4 용지 한 장을 준비하자. 이 책을 읽으며 영감을 느낄 때마다 그 종이 위에 선을 하나씩 그어 보자. 직선이든 곡선이든, 굵든 가늘든, 이미 그은 선을 지우는 것도 상관없다. 방법은 중요하지 않다. 중요한 건 그 순간의 감각을 기록해보는 일이다.

당신이 관찰자에 머물지 않고 실행자로서 이 책을 경험하길 바란다. 종이와 선만으로도 의미는 충분히 만들어질 수 있다. 이 책을 덮는 순간, 당신은 그것을 확인하게 될 것이다.

A4 한 장이 준비되었다면, 시작하자.

1

틈이란 무엇인가

관점 하나가 만드는 압도적 차이

기능과 품질은 이제 시장에 진입하기 위한 당연한 전제 조건이 되었다. 누구나 어디서든 괜찮은 것을 손쉽게 손에 넣는 시대, 소비자의 시선은 상품의 기능과 스펙을 넘어 그것을 소유한 자신의 내면과 정체성으로 향한다. 승부는 고객의 내면을 움직이는 매력에서 결정된다. 그 매력은 어디에서 오는가. 한 권의 달력이 그 단서를 건네주었다.

물고기를 정면에서 찍으면
무슨 일이 벌어지는가

몇 년 전 새해를 앞두고 달력을 고르다가 어떤 사진 앞에서 시선이 멈췄다. 월별로 다양한 물고기 모습이 담겨 있는 달력이었다.

누군가 물고기 사진을 찍어오라고 한다면 대개 어떻게 촬영할까. 아마 대부분은 눈과 아가미, 몸통과 꼬리가 다 보이도록 옆모습을 찍을 것이다. 그것이 우리가 물고기라고 하면 자연스럽게 떠올리는 전형적인 모습이자 오랜 고정관념이기 때문이다. 하지만 그 달력은 달랐다. 모든 물고기가 마치 증명사진처럼 정면을 응시하고 있었다.

정면에서 본 물고기의 얼굴은 내가 알던 이미지와는 전혀 딴판이었다. 봉긋하게 튀어나온 얼굴, 도드라진 눈망울, 툭 벌어진 입. 그 생경한 시선은 내가 대상을 바라보던 익숙한 방식에 균열을 내며 강렬한 인상을 남겼다.

이 달력은 일본의 브랜드 우오즈라Uozura, うおづら의 제품이다. 30년 가까이 물고기를 촬영해온 수생생물 전문 사진작가 모리오카 아츠시의 열정이 세계 최초의 물고기 얼굴 달력을 탄생시켰다. 오랫동안 그가 고수해온 방식은 물고기의 전신을 담아내는 측면 촬영이었다. 종의 특징과 무늬를 정확히 기록하기 위한, 생물학적 목적에 충실한 선택이었다. 그렇게 기록을 이어오던 그에게 2017년 뜻밖의 장면 하나가 끼어들었다. 수조 속 물고기의 정면 얼굴이 눈에 들어온 것이다. 그 순간 옆모습에서는 결코 느낄 수 없었던 표정이 읽히기 시작했다. 눈 위의 무늬가 눈썹처럼 보이는 물고기, 험상궂은 인상과 귀여운 외모가 묘하게 대비되는 물고기, 혹은 어디선가 본 듯한 누군가를 닮은 물고기까지. 그것들은 마치 카메라 너머의 우리에게 말을 걸고 싶어 하는 듯 보였다. 이 찰나의 인상을 포착하기 위해 작가는 집에 수조를 설치하고 150여 마리의 물고기를 직접 사육하며 촬영에 몰두했다. 모델이

'우오즈라' 시리즈는 SNS에 공개되자 큰 반향을 일으켰다.

되는 물고기의 스트레스를 줄이려 촬영 시간은 철저히 5분 이내로 제한하기도 했다. 그는 완벽한 찰나를 위해 지극한 인내를 기꺼이 감수했다. 이렇게 완성된 시리즈는 '물고기의 얼굴'을 뜻하는 '우오즈라'라는 이름을 얻었고, 도감과 달력으로 이어지며 독보적인 브랜드로 자리 잡았다.

나도 단순한 흥미를 넘어 이 달력을 구매했다. 모리오카는 물고기의 표정을 포착하려 했지만, 내게 다가온 울림은 조금 달랐다.

"이렇게도 볼 수 있구나. 어쩌면 이게 진짜 물고기의 모습이었을지도 모르겠어."

새로운 발견을 했다기보다 익숙함에 가려져 무심히 지나쳤던 대상을 다른 지점에서 바라보게 된 것이다. 이 달력은 단순한 소품을 넘어 책상 위에서 매일 새로운 시선을 제안하는 오브제가 되었다.

문득 이 달력을 선물하고 싶은 얼굴이 떠올랐다. 평소 수조를 가꾸며 다양한 어종을 돌보는, 물고기를 진심으로 아끼는 친구였다. 달력을 받아 든 친구의 반응은 기대 이상이었다. "정면에서 찍은 물고기 사진은 나도 처음이야." 친구는 자신이 돌봐온 물고기의 습성과 기분을 떠올리며, 사진을 자기만의 방식으로 해석하기 시작했다. "이 종은 평소엔 이런 모습이 잘 안 나오는데…." 친구는 사진 속 물고기 위에 자신이 경험한 개체들의 기억을 겹쳐 보았다. 그에게 이 달력은 사랑하는 생명체들과 나누었던 교감을 기록하고, 그 기억을 생생한 얼굴로 확장해 보여주는 오브제였다.

하나의 대상을 두고 세 사람은 각기 다른 의미를 길어올렸다. 작가는 '찰나의 표정'을 포착했고, 필자는 '전환된 시선'을 경험했으며, 친구는 그 위에 '돌봄의 기억'을 덧입혔다. 같은 피사체를 마주하고도 서로 다른 해석이 층위를 이루며 쌓여간 것이다. 대상은 변하지 않았다. 다만 작가가 설계한 낯선 틈 속에서 개개인의 맥락이 결합하며 새로운 의미가 태어났을 뿐이다. 이토록 풍성한 해석의 층위야말로 하나의 브랜드가 대체 불가능한 매력을 획득하는 결정적인 순간이다.

닭이 낳는 것은
왜 누런 구슬이 아닌가

우리는 어떤 대상이나 단어를 들으면 저절로 특정한
관념을 연상한다. 기차라고 하면 이동 수단이나 여행을,
사과라고 하면 과일을, 생수라고 하면 투명한 페트병을
떠올린다. 이것이 우리가 대상을 바라볼 때 자동으로
적용하는 **기본 관찰 시점**이다. 이런 연결 덕분에 우리는
메시지를 빠르게 인식하고 소통할 수 있지만, 부작용도
존재한다. 시점이 고착되는 순간 대상이 지닌 다른 의미나
새로운 해석, 감정의 여백을 인지하지 못한 채 하나의
시선에 갇힌다. 우리는 대상을 있는 그대로 본다고 믿는다.
하지만 실상은 입체적인 대상을 평평한 정보로 치환하는
것에 가깝다. 이렇게 굳은 시선은 익숙하고 편안하며 오래
반복되어 왔기에, 더욱 당연하게 느껴진다.

이것은 닭이 알을 낳는 순간만을 보고, "닭은
딱딱하고 누런 구슬을 낳는 존재구나"라고 단정하며 사는
것과 같다. 하지만 닭이 낳는 것은 딱딱한 구슬이 아니다.
그 안에는 곧 부화할 부드럽고 따뜻한 생명력이 깃들어
있다. 기본 관찰 시점으로만 대상을 바라보면 의미의
층위와 잠재된 가능성을 통째로 놓치게 된다.

이것이 어떻게 작동하는지, 일상적인 상품에서 확인해보자. 세제는 빨랫감의 먼지와 얼룩을 없애는 생활용품이다. 메시지의 상당수는 '찌든 때 제거', '강력 세척' 같은 기능적 우위에 초점을 둔다. 하지만 상품성만 강조하면 소비자의 관심은 '얼마나 잘 지워지는가', '가격은 얼마인가'라는 비교 기준에 고정될 뿐이다. 소비자가 자신의 일상을 대입하고 해석을 펼칠 공간은 사라지는 것이다. 자본과 기술력이 충분한 선두 기업에게는 유효한 전략일지 모르나, 후발주자에게 이 정면 대결은 무모한 소모전이다.

관점을 바꿔보자. 세제를 세균으로부터 우리 가정을 지키는 작은 관심이라는 개념으로 재정의한다면 어떨까. 본질적 기능은 여전히 얼룩을 지우는 일이다. 하지만 관점이 바뀌는 순간 제품에 대한 해석의 틈은 넓어진다. 누군가에게 세제는 아이의 피부를 지키는 방패가 되고, 누군가에게는 집 안의 정서를 결정하는 향기가 된다. 같은 액체임에도, 떠올리는 장면과 연결되는 이야기는 사람마다 완전히 달라진다.

익숙함을 느낀다는 건 그만큼 대상과 밀착해 있다는 뜻이다. 그 밀착이 시야를 가린다. 반대로 대상과 거리가 생기면 다른 각도가 열리고, 그 간격이 곧 해석의 틈을 만든다. 소비자가 브랜드 안에서 자신의 가치와 생각을 투영하고, 능동적으로 개입할 수 있도록 설계된 공간. 이것이 메시지의 틈이다. 그리고 이 틈을 설계하고 구축하는 방법이 이 책의 핵심 주제인 **갭 디자인**Gap Design이다.

재현이 무너진 자리에서
틈이 시작되었다

갭 디자인은 마케팅을 바라보는 여러 관점 중 하나가 아니다. 메시지를 설계하는 사람이라면 반드시 이해해야 할 브랜딩의 핵심이다. 왜 그런지, 우리가 서 있는 시대적 배경부터 짚어야 한다.

소비자는 변화했다. '이 상품이 얼마나 탁월한가'보다 '이것이 나의 어떤 모습을 표현하는가'가 중요한 선택 기준이 되었다. 과거의 소비가 결핍을 채우는 생존의 도구를 찾는 과정이었다면, 지금의 소비는 자신의 색깔을 드러내는 정체성의 조각을 모으는 여정이다. 같은 브랜드의 상품을 사더라도 선택의 이유는 사람마다 다르다. 소비자는 자신이 발견한 의미를 소유하기 위해 브랜드를 선택한다. 그러므로 브랜드의 매력은 브랜드 내부에 고정된 속성이 아니라 소비자 맥락 속에서 완성된다.

이런 변화 속에서 브랜딩의 지향점도 이동했다. 사야 할 이유를 설득하는 것에서 갖고 싶은 대상으로 인식하게 만드는 것으로. 브랜드는 소비자가 자신의 가치와 의미를 자유롭게 만들어갈 수 있는 공간을 열어야 한다. 이것이 갭 디자인이 필요한 이유다.

이 틈의 중요성을 가장 먼저 발견하고 치열하게 검증하며 살아남은 영역이 있다. 현대미술이다. 난해한 현대미술이 어떻게 기획의 참고서가 되느냐고 의문이 들 수 있다. 하지만 현대미술가들은 오늘날 기획자들이 겪고 있는 혼란을 19세기 후반부터 이미 겪어온 선배들이다. 카메라가 등장하기 전까지 미술의 중심은 사실적 재현에 있었다. 현실을 얼마나 똑같이 옮기는가, 상상을 얼마나 현실감 있게 구현하는가. 정밀한 묘사력은 곧 예술적 가치의 척도였다. 상품의 가치가 기능과 가격에만 매몰되어 있던 시대와 다르지 않다.

카메라의 등장은 이 질서를 뒤흔들었다. 수십 년간의 수련 끝에 도달하던 정교한 재현을 누구나 셔터 한 번으로 복제할 수 있게 되었다. 수천 년간 이어져 오던

루이 다게르 〈탕플 대로 Boulevard du Temple〉
긴 노출 시간 탓에 거리를 오가던 사람과
마차는 모두 지워졌고, 정지해 있던
두 사람만 흐릿하게 남았다. 인간이 포착된
최초의 사진이다.

미술의 패러다임이 통째로 흔들린 사건이었다. 당대 프랑스 화가 폴 들라로슈Paul Delaroche는 카메라의 시초인 다게레오타입을 보고 회화의 죽음을 선언했다.

이 위기 속에서 미술은 전혀 다른 방향으로 움직이기 시작했다.

"사실을 그대로 그리는 건 카메라가 더 잘한다.
그렇다면 미술은 이제 무엇을 해야 하는가?"

이 질문이 근대 이후 작가들의 출발점이었다. 대상의 외형을 재현하는 대신, 보는 방식을 흔들고 당연한 것을 낯설게 만드는 데 집중했다.

작가들은 객관적 묘사를 내려놓고 관람객의 해석을 유도했다. 과거의 예술이 작가가 설정한 하나의 정답을 주입하는 구조였다면, 현대미술은 감상자가 참여해야 의미가 완성되는 구조가 주를 이룬다. 의미의 권한을 관람객에게 넘기며, 다양한 가치가 투영될 수 있는 해석의 틈을 설계한 것이다. 피카소의 그림이 뒤죽박죽해 보이는 이유, 뒤샹이 변기를 전시장에 옮겨놓고 예술이라고 선언할 수 있었던 이유가 여기에 숨어 있다. 미술은 손끝에서 시작되는 재현의 기술에서 머리끝에서 출발하는 사유의 예술로 진화했다. 현대미술은 눈으로만 봐서는 온전히 이해할 수 없다. 시각적 유희가 아닌 관람객이 직접 의미를 투영해야 완성되는 개념적 유희이기 때문이다. 이 힘은 지금도 작동한다. 어디서나 볼 수 있는 평범한 물건이 작가의 손을 거쳐 수십억 원의 가치를 지닌 존재로 변모하는 것은 결코 우연이 아니다. 자본의 흐름은 냉정하다. 분명한 가치가 실재하지 않는 곳에 거대 자본이 머무를 리 없다.

이러한 현대미술의 전환은 기획자가 메시지 안에 소비자의 자유로운 개입을 설계하는 방식과 맞닿아 있다. 현대미술이 생존을 위해 갈고닦아온 **틈의 미학**은 무한 경쟁에 빠진 오늘날의 기획자들에게 대체 불가능한 전략적 토대가 되어줄 것이다.

1분 현대미술

뒤샹의 변기

마르셀 뒤샹은 철물점에서 산 남성용 소변기에 'R. Mutt'라는 서명을 하고 〈샘Fountain〉이라는 제목을 붙여 미술 전시에 출품했다. 화장실에 있으면 누구도 거들떠보지 않을 기성품이 갤러리 안에 놓이는 순간, 사람들은 전혀 다른 눈으로 바라봤다. 대상은 같았으나 맥락이 달라진 것이다. 물고기를 옆에서 찍느냐 정면에서 찍느냐에 따라 전혀 다른 인상이 태어나듯, 뒤샹은 소변기를 화장실에서 갤러리로 옮기는 행위만으로 해석의 틈을 열어젖혔다. 미술사에서 관점의 전환이 곧 창작이 될 수 있다는 사실을 가장 선명하게 드러낸 순간이었다.

카텔란의 바나나

프롤로그에서 우리는 벽에 테이프로 붙인 바나나 한 개가 620만 달러에 낙찰된 장면을 마주했다. 마우리치오 카텔란의 〈코미디언Comedian〉이다. 많은 이들이 묻는다. "저게 대체 왜 예술인가?" 카텔란은 이 작품에 대해 거의 설명하지 않았다. 대신 제목 하나만 남겼다.

'코미디언.'

이 한 단어가 해석의 방향을 바꿔놓는다. 바나나는 더 이상 과일이 아니라 하나의 질문이 된다. 누가 코미디언인가. 이 작품을 진지하게 감상하는 관람객인가, 이것을 예술이라 선언한 작가인가, 아니면 수십억 원을 지불한 구매자인가. 카텔란은 답을 주지 않았다. 침묵은 곧 관람객의 참여를 이끄는 전략이 되었고, 사람들은 각자의 답을 채워 넣기 시작했다. 누군가는 예술 시장의 허영에 대한 풍자로, 누군가는 일상 사물의 지위를 전복하는 실험으로, 또 누군가는 무엇이든 예술이 될 수 있다는 뒤샹 이후의 전통을 가장 대중적으로 증명한 사건으로 읽었다. 620만 달러의 가치는 그것이 열어젖힌 해석의 틈에 있다.

2

시선을 빼앗는 법

거리두기와 충돌하기

시선을 빼앗는 일은 더 크게 외치는 것으로 해결되지 않는다. 소비자의 눈이 멈추는 순간은 정보가 많을 때가 아니라 익숙한 흐름에 균열이 생길 때 찾아온다. 그 균열은 두 가지 방향에서 만들어진다. 익숙한 것에서 멀어지거나, 낯선 것을 정면으로 들이받거나.

멀어질수록
의미가 선명해진다

1장에서 우리는 기본 관찰 시점이라는 개념을 살펴봤다. 대상에 밀착하면 하나의 해석에 갇히고, 거리를 두면 새로운 의미의 층위가 열린다는 원리다. **거리두기**는 이 현상을 비즈니스 전략으로 치환하는 작업이다.

대형 마트 생수 코너 앞에 서 있다고 치자. 수십 개의 브랜드가 나란히 놓여 있을 것이다. 라벨은 하나같이 푸른 산이나 맑은 계곡 이미지를 담고 있고, 문구는 '깨끗한', '순수한', '자연 그대로의' 같은 단어를 반복한다. 이 진열대 앞에서 우리는 무엇을 기준으로 고르는가. 열에 아홉은 가격표를 본다. 메시지가 천편일률적이니 비교할 수 있는 건 숫자뿐이다. 모두가 같은 방향을 바라볼 때 차별화란

미세 조정에 불과하다. 그런데 만약 그 진열대에 해골이 그려진 검은 캔이 하나 꽂혀 있다면 어떨까. 걸음을 멈출 것이다. 좋든 싫든, 시선은 그곳에 고정된다. 익숙한 흐름 속에서 혼자만 다른 방향을 가리키고 있기 때문이다. 이것이 거리두기의 핵심이다. 대상이 가진 기본값에서 의도적으로 멀어지는 것. 모든 경쟁자가 서 있는 자리의 정반대 편으로 이동하는 것. 그 거리가 만들어내는 낯섦이 곧 해석의 틈이 된다. 소비자는 그 틈 안에서 자신만의 이유를 발견하고, 자기만의 의미를 부여한다.

이 전략을 가장 정교하게 실천한 인물이 파블로 피카소Pablo Picasso다. 그는 우리가 익숙해서 의심조차 하지 않았던 보는 방식, 그러니까 기본 관찰 시점을 근본적으로 흔들었다. 구체적인 형태를 지워나갈수록 대상의 본질이 선명해지는 과정을 보여준 〈황소The Bull(Le Taureau)〉 연작이 그 증거다.

피카소가 황소를
11번 그린 진짜 이유

피카소의 〈황소〉 연작은 언뜻 단순한 드로잉 11점으로 보인다. 하지만 이 연작은 대상의 외형에서 털과 근육, 명암을 단계적으로 걷어내며 본질만 남긴 치열한 사고의 기록이다. 피카소는 훗날 〈황소〉 연작을 아들 파울로에게 보여주며 예술가의 사고 과정 전체를 가르쳐주는 최고의 수업이라고 평했다.

1945년 파리의 무를로 프레르^{Mourlot Frères} 인쇄소에서 탄생한 이 11점의 연작은 44일간의 치열한 사투 끝에 완성되었다.

많은 이들이 가장 단순한 마지막 그림에서 시작했을 것이라 짐작한다. 그러나 출발점은 정반대였다. 첫 번째 그림은 우리가 어릴 때부터 잘 그린 그림이라고 배워온 기준을 충실히 구현한 작품이다. 근육의 입체감과 피부의 질감이 생생하게 묘사된, 누가 봐도 완벽한 황소다. 이것이 바로 기본 관찰 시점의 총합이다. 피카소는 여기서 멈추지 않고 질문을 던졌다.

"이게 정말 황소인가?"

황소다움은 털이나 근육 같은 겉모습에 있지 않다. 정밀함이라는 기본값에서 가장 먼 좌표인 단순함으로 이동할 때, 비로소 황소라는 본질이 선명하게 추출된다.

파블로 피카소 〈황소〉(State II/XI)
근육과 털, 명암이 고스란히
담긴 두 번째 황소. 피카소가
이 지점에서 출발해 무엇을
덜어냈는지가 뒤의 그림들과
겹칠 때 비로소 보인다.

파블로 피카소 〈황소〉(State XI/XI)
11점 연작 중 마지막으로 그린
그림. 털도, 근육도, 명암도 없다.
그럼에도 황소로 충분히 인식된다.

이것이 피카소가 추적한 거리두기의 진실이다.

물론 단순함은 종종 부족함으로 오해받기 쉽다.
피카소가 위대한 이유는 이 단순함을 결핍이 아닌 본질로
받아들이게끔 해석의 표지판을 세웠다는 점에 있다.
거리를 두면 새로운 관점이 열리지만, 그 거리가 적절히
조율되지 않으면 관람객은 낯섦과 불편함에 가로막혀
해석으로 나아가지 못한다. 당시 무를로 공방의 마스터

프린터 가스통 튀탱Gaston Tutin은 피카소의 기법을 괴물
같은 것이라고 불렀다. 전통적인 석판화 기법을 무시하고
온갖 매체를 뒤섞은 그의 방식은 장인들의 눈에 제대로
된 작업으로 보일 리 없었다. 완벽하던 황소가 점점
뼈대만 남은 앙상한 선으로 변해가는 과정을 보며 그들은
피카소가 정말 시작해야 했을 지점에서 끝을 냈다고
비아냥거리기도 했다.

하지만 피카소는 흔들리지 않고 이렇게 응수했다.

"세밀한 그림은 정육점 주인에게 주고,
마지막 선 하나는 주부에게 주어야지."

농담 같은 이 한마디가 곧 선언이었다. 전문적인
지식이 없어도 일상의 감각만으로 본질을 알아볼 수
있다는 자신감의 표현이자 해석의 권한을 관람객에게
넘기겠다는 의지였다. 이 말이 표지판이 된 순간,
사람들은 단순해진 황소를 보며 "이게 뭐야?"가 아니라
"이런 방식으로도 황소의 본질을 드러낼 수 있구나"라고
받아들였다. 이 지점에서 비로소 해석의 틈이 열린다.
세밀한 묘사가 사라진 여백은 작가의 실수가 아니다.
관람객 개개인의 경험과 의미가 투영될 수 있는 캔버스다.

관람객은 이 틈을 통해 황소의 본질을 스스로 재정의한다.
누군가에게는 선 하나에 응축된 힘으로, 또 다른
누군가에게는 모든 군더더기를 걷어낸 미학으로 다가간다.
개인의 경험과 감정이 작품 위에 덧입혀지면서, 〈황소〉
연작은 관람객마다 제각기 다른 작품으로 존재한다.

피카소는 캔버스 위에서 거리두기를 증명했다.
그렇다면 이 전략은 비즈니스에서도 작동할 수 있을까.

리퀴드 데스,
죽음의 물이 14억 달러짜리 브랜드가 된 비결

프롤로그에서 우리는 해골이 그려진 생수 캔 하나에 14억 달러의 가치가 매겨진 장면을 마주했다. 이제 그 "도대체 왜?"에 답할 차례다.

출발점은 콘서트장이었다. 넷플릭스 크리에이티브 디렉터로 일하던 마이크 세사리오Mike Cessario는 에너지 드링크 회사가 후원하는 공연을 찾았다. 무대 위 밴드 멤버들은 에너지 드링크를 들이키고 있었으나, 사실 캔 안에 든 것은 물이었다. 멤버들은 쿨해 보이기 위해 에너지 드링크를 마시는 척했을 뿐이다.

그 장면이 세사리오의 머릿속에서 떠나지 않았다. 5년 뒤, 에너지 드링크의 위험성을 알리는 공익광고를 맡게 된 세사리오는 고객사에 콘서트장에서의 경험을 들려주며 "캔에 물을 담아야 한다"고 제안했다. 거절당하자 그는 직접 만들기로 결심했다. 2016년 기획을 시작했을 때 투자자 대부분은 콘셉트에 난색을 표했다. 생수병에 '죽음'이라는 단어를 쓰는 건 비즈니스적으로 자살 행위나 다름없다는 이유였다. 세사리오는 물러서지 않았다. 그는 공장에 주문을 넣는 대신, 가상의 3D 캔 모델이 등장하는 2분짜리 홍보 영상을 제작해 페이스북에 먼저 공개했다.

결과는 반전이었다. 제품은 존재하기도도 전이었음에도 4개월 만에 300만 회가 넘는 조회수를 기록했고, 페이지에는 "이 생수 어디서 살 수 있느냐"는 수천 개의 댓글이 달렸다. 이 폭발적인 반응은 기존의 무해하고 순수한 생수 브랜드에 권태를 느끼던 거대한 팬덤의 존재를 증명했다. 뒤늦게 유통 업체와 투자자들이 먼저 연락을 보내온 것은 당연한 수순이었다. 그렇게 2019년 세상에 나온 리퀴드 데스는 5년 만에 수천억 원의 매출을 기록하는 거대 브랜드로 성장했다.

생수라는 카테고리의 이미지는 획일적이다.

깨끗함

순수함

청정함

투명한 페트병

푸른색 라벨 등등.

모든 브랜드가 생수는 곧 순수라는 동일한 관찰
시점에서 경쟁해왔다. 표현 방식만 조금씩 다를 뿐
말하려는 이야기는 늘 같았다. 상황이 이렇다 보니 리퀴드
데스의 성장을 목격한 사람들은 자신이 알던 기존의 성공
문법 안에서 그 이유를 찾으려 애쓰며 말한다.

"친환경 메시지가 좋아서 뜬 거 아니야?"

리퀴드 데스는 플라스틱 대신 알루미늄 캔을
사용하고, "플라스틱을 죽여라Death to Plastic"라는
슬로건으로 환경 메시지를 내세운다. 하지만 성공의
핵심은 친환경 그 자체가 아니다. 다른 생수 브랜드들도
친환경을 강조하지만, 리퀴드 데스가 유독 강력하게
느껴지는 이유는 전혀 다른 관찰 시점에서 출발했기
때문이다.

리퀴드 데스는 깨끗함과 순수함이라는 기본 관찰
시점에서 정면으로 거리를 뒀다. 비트는 수준을 넘어 모든

해골과 메탈 그래픽이 가득한
캔이 생수 냉장고 안에 들어 있다.
맥주처럼 보이는 겉모습과 생수라는
내용물의 이질적인 조합이 사람들이
생수에 대해 가진 고정관념을
건드린다.

속성을 반대편으로 보냈다. 투명한 페트병은 알루미늄
캔으로, 푸른 라벨과 산봉우리는 해골과 메탈 그래픽으로
치환했다. 건강에 좋다는 메시지는 너의 갈증을
살해하라로 바뀌었다. 그 파격의 지점에서 틈이 열렸다.
리퀴드 데스의 생수는 생필품을 넘어 반항과 유머를 담는
기호가 되었다.

　만약 정반대의 설정만 고집했다면 혐오스럽거나
불쾌하다는 반응으로 끝났을 것이다. 하지만 거리두기에는
해석의 방향을 잡아주는 표지판이 필요하다. 리퀴드
데스는 환경 문제를 그 표지판으로 선택했다. 〈플라스틱
재활용 성형수술 센터Plastic Surgery Center〉라는 캠페인이
대표적이다. 플라스틱 재활용률이 극히 낮다는 사실을
블랙 유머와 기괴한 이미지로 폭로했다. 죽음과 악마라는
과격한 이미지가 환경 오염이라는 적을 향하자, 브랜드의
세계관을 강화하는 파괴력으로 변모했다. 소비자들은
"악마가 만든 물 치고는 너무 착하다"며 아이러니를
즐기기 시작했다.

　틈이 열리자, 소비자는 생수 안에 자신의 정체성을
담았다. 재미있는 걸 사는 나, 대담한 스타일을 선호하는
나, 착한 일도 힙하게 하고 싶은 나. 평범한 생수에서
이토록 다양한 해석이 생겨날 수 있는 건 리퀴드 데스가 갭

디자인으로 충분한 틈을 열었기 때문이다.

피카소가 캔버스에서 증명한 거리두기를, 리퀴드 데스는 생수 캔 위에서 증명했다. 이제 이 전략을 어떻게 설계하고 실행할 수 있는지 살펴볼 차례다.

거리는 방향을 요구한다

피카소와 리퀴드 데스를 관통하는 구조는 같다. 먼저 기본값에서 정반대로 멀어진다. 그다음 그 낯선 거리 위에 해석의 방향을 잡아주는 표지판을 세운다. 이 두 움직임이 맞물릴 때, 거리두기가 갭 디자인의 전략으로 작동한다.

반대 설정부터 보자. 수박을 떠올려보라. 수박 자체에 반대 개념은 없지만, 속성을 기준으로 보면 반대가 생긴다. 색을 기준으로 빨간 과육의 반대는 파란색이 되고, 모양을 기준으로 둥근 형태의 반대는 네모가 되며, 맛을 기준으로 달콤함의 반대는 쓴맛이 된다. 기본값과 반대 개념을 나란히 놓으면 어색하다. 하지만 그 어색함은 고정관념이 흔들리고 있다는 신호다.

반대를 상정하는 이유는 단순하다. 그 정도의 파격이
아니면 틈이 잘 생기지 않는다. 문제는 반대 설정이 대개
부정적 속성과 연결된다는 점이다. 깔끔함의 반대는
지저분함, 고급스러움의 반대는 저렴함, 안정의 반대는
불확실성이다. 여기서 멈추면 소비자는 해석을 포기하고
익숙한 기본값으로 돌아가 버린다. 이때 방향 표지판이
필요하다. 낯선 관점이 거부감으로 끝나지 않도록 어떤
의미를 읽어야 하는지 최소한의 단서를 제공하는 장치다.

표지판은 어떻게 세우는가. 핵심은 반대 개념이 본래
지닌 가능성을 발견하는 데 있다. 가장 효과적인 방법은
기존 개념의 단점을 뒤집어보는 것이다. 모든 개념에는
양면성이 있다. 장점이 만들어내는 한계는 반대 개념의
장점과 연결된다. 고급스러움을 예로 들어보자. 반대
개념인 저렴함은 언뜻 부정적으로 보이지만, 고급스러움이
주는 진입장벽과 소외감이라는 단점을 상쇄한다. 저렴함은
누구나 접근할 수 있는 부담 없는 가치이자 실속 있는
선택으로 재해석될 수 있다. 표지판을 찾는 일은 없는
장점을 지어내는 작업이 아니다. 이미 존재하는 양면성을
다른 각도에서 읽어내는 일에 가깝다.

피카소의 〈황소〉 연작을 이 틀에 대입하면 구조가
선명해진다. 반대 설정은 정밀한 묘사에서 가장 먼

좌표인 단순한 선으로의 이동이었다. 단순함은 그 자체로 부족함이라는 부정적 속성을 띠었지만, 피카소는 "마지막 선 하나는 주부에게 주어야지"라는 유머를 표지판으로 세웠다. 이 한마디가 부족함을 본질을 꿰뚫는 직관으로 바꿔놓았고, 관람객은 단순한 선 안에서 자신만의 황소를 발견할 틈을 얻었다. 리퀴드 데스도 마찬가지다. 순수함과 생명이라는 기본값의 반대편에 있는 파괴와 죽음을, 환경 오염이라는 더 큰 문제를 해결하는 힘으로 전환했다. 불편하게 느껴지던 이미지가 함께 연대해야 할 정의로운 존재로 재해석된 것이다.

표지판은 불편함을 좋게 포장하는 기술이 아니다. 반대 개념이 본래 지닌 가능성을 발견하고, 소비자가 자신의 맥락에서 해석할 수 있도록 렌즈를 제공하는 것이다. 이 렌즈를 통해 소비자는 하나의 평가 기준에 갇히지 않고 여러 해석과 감정을 자유롭게 누릴 수 있는 공간을 얻는다. 기능도 좋고 가격도 나쁘지 않은데 왜 안 팔릴까라는 고민이 있다면, 기본 관찰 시점에 갇힌 채 그 틀 안에서만 경쟁한 결과일 가능성이 크다. 그럴 때 거리두기 전략을 시도해보자. 반대 설정이 파격을 넘어 수용 가능한 거리두기로 자리 잡는 순간, 경쟁의 지형이 완전히 달라질 것이다.

거리두기가 익숙한 것과의 간격을 만드는
전략이라면, 시선을 빼앗는 두 번째 방법은 전혀 다른
방향에서 출발한다. 낯선 것을 정면으로 부딪치게 하는
충돌하기 전략이다.

낯섦이 시선을 붙잡고,
연결이 발걸음을 움직인다

최근 한 요리 프로그램에서 낯선 음식이 등장해 화제가
되었다. 겉모습만 보면 고급 일식집의 사시미 한 접시와
다르지 않았다. 간장에 찍어 먹거나 김에 싸 먹는 방식까지
전형적인 사시미 그대로였다. 그런데 실체가 밝혀지는
순간 분위기가 달라졌다. 주재료가 생선이 아닌 채소였기
때문이다. 셰프는 이 요리를 베지테리언 사시미라 불렀다.
날생선이 기본인 사시미에 채소를 대입하니, 익숙했던
메뉴가 생소한 의문으로 다가온다. 흥미로운 건 시각적
유사성보다 뜻밖의 맛이었다. 놀라울 만큼 사시미와
비슷하다는 반응이 이어지자 사람들의 머릿속에 질문이
쏟아졌다.

"어떻게 저게 가능하지?"

"무슨 과정을 거친 거지?"

"나도 한번 먹어보고 싶다."

반응은 호기심을 넘어섰다. 별생각 없이 TV를 보던 나조차 가게 이름과 위치를 검색해 저장했을 정도다.

이 반응의 배경에는 명확한 구조가 있다. **이질성**과 **연결성**이 함께 작동한 것이다. 채소로 만든 사시미라는 이질성이 시선을 붙잡았고, 놀랍도록 흡사한 맛이라는 연결성이 "직접 경험해봐야겠다"는 행동 동기를 만들었다. 낯섦이 호기심을 유발하고, 익숙함이 그 호기심을 안전하게 충족시킬 수 있다는 확신을 준 셈이다. 외형만 사시미를 흉내 냈을 뿐 맛은 전혀 달랐다면, 반응은 잠깐의 감탄으로 끝났을 것이다. 맛의 연결성이 뒷받침되었기에 이 메뉴는 단순한 요리를 넘어 사람을 움직이는 장치가 되었다.

충돌하기의 본질은 자극이 아니다. 겉으로는 충돌하지만 안에서는 연결된 요소들이 기존 인식에 균열을 내면서, 동시에 새로운 해석을 가능하게 만드는 것. 이것이 충돌하기의 핵심이다. 이 구조는 무대를 바꿔도 작동한다.

내 책상 한쪽에는 작은 사진 한 장이 놓여 있다.

접시 위에 놓인 것이 생선인지
채소인지 구분되지 않는다. 그 혼란이 이
메뉴의 핵심이다.

손바닥보다 작은 이 사진은 멀리서 보면 평범한 우주선 발사 장면처럼 보인다. 그러나 연기와 불꽃을 뿜으며 하늘로 솟구치는 장면에 시선을 건네다 보면, 왼쪽 뿌연 연기 속에서 낯선 형상이 눈에 들어오기 시작한다. 팔과 다리를 쭉 뻗은 채 허공으로 몸을 던진 듯한 존재. 다름 아닌 개구리다.

이 사진은 2013년 NASA 공식 인스타그램을 통해 공개되었다. 버지니아주 월롭스 아일랜드Wallops Island에서 탐사선이 솟구치는 순간 원격 카메라에 우연히 포착된 장면이다. 합성이 아니냐는 논란이 있었으나, NASA는 연출도 조작도 아닌 실제 장면이라고 밝혔다. 사진이 공개되자 반응은 빠르게 퍼졌다. 누군가는 웃음을 터뜨렸고, 누군가는 저 타이밍에 왜 개구리가 있느냐며 황당해했다. 내게도 이 장면이 해프닝 이상이었다. 거대한 흐름 속에서도 주눅 들지 않고 온 힘을 다해 몸을 던지는 작은 존재가 오히려 거대하게 느껴졌다. 설령 로켓 발사의 압력에 밀려 튕겨나간 것이라 할지라도, 이 장면이 주는 인상은 쉽게 사라지지 않는다.

왜 그럴까. 커뮤니케이션 학자 주디 버군Judee Burgoon의 예상 위반 이론Expectancy Violations Theory으로 설명할 수 있다. 인간은 과거 경험을 바탕으로 주변 상황을

연기와 불꽃 속에서 팔다리를 뻗은 채 허공으로
몸을 던지는 작은 존재가 있다. 우주선 발사 사진에서
개구리를 찾게 되는 순간, 이 장면은
단순한 해프닝이 아니게 된다.

예측하는데, 그 기대가 붕괴되는 순간 뇌는 주의력을
재배치한다. 우주선 발사 장면에 개구리가 등장하리라고
예측한 사람은 아무도 없다. 예상을 빗나간 충돌이
일어났기에 뇌리에서 지워지지 않는 강렬한 기억이 된
것이다. 하지만 놀라게 하는 것만으로는 부족하다. 뇌가
포착한 이 낯선 자극이 일회성으로 끝나지 않으려면,
흩어진 주의력을 묶어줄 논리가 필요하다. 시선을 붙잡은
뒤 그 긴장을 해석으로 이어주는 내적 연결성이 있어야
한다는 뜻이다.

　　수조 원의 자본과 첨단 공학이 집약된 우주선의
발사는 중력을 이겨내고 미지의 세계로 나아가려는 인류의
거대한 의지다. 반면 발사대 근처에서 포착된 개구리의
작은 점프는 거대한 화염에 맞선 생명체의 가장 원초적인
반응이다. 전혀 다른 궤적을 지닌 이 두 세계가 한 프레임
안에서 맞물리는 순간, 우리는 물리적 크기를 압도하는
본질적 공통분모를 발견한다. 우주선의 도약, 개구리의
점프 모두 자신이 속한 세계의 한계를 넘어서려는
생존을 향한 비약이라는 점에서는 궤를 같이한다. 이처럼
극단적인 두 존재 사이에 놓인 비약이라는 연결고리는
사람들로 하여금 찰나의 웃음을 넘어 묵직한 의미를
찾게 만든다. 기획자는 충돌을 만드는 데서 그치지

않고, 소비자가 그 틈 사이로 들어와 스스로 서사를 완성할 수 있는 단서를 제공해야 한다. 해석의 주도권을 넘겨줌으로써 소비자가 직접 그 틈을 메우게 하는 것, 그것이 충돌하기를 통한 갭 디자인의 핵심이다.

론 뮤익, 미술관 바닥에 누운
5미터짜리 아기

이 충돌의 구조를 정교하게 설계해온 예술가가 있다. 극사실주의 조각가 론 뮤익Ron Mueck이다. 피부의 질감, 주름과 모공, 혈관까지 섬세하게 재현된 그의 조각은 실제 인간을 전시장으로 옮겨놓은 듯한 압도적인 완성도를 보여준다.

2025년 국립현대미술관 서울관에서 열린 그의 개인전은 세 달 만에 53만여 명이 다녀가며 개관 이래 최다 관람객 기록을 갱신했다.

뮤익의 작품 앞에 서면 필연적으로 질문을 던지게 된다.

"사람과 똑같은 밀랍 인형이나 로봇도 있는데, 왜 론 뮤익이

740킬로그램의 〈A Girl〉이 비행기 화물칸을 통해 이동하는 과정을 담은 르포다. 작품의 물리적 규모가 얼마나 극단적인지, 이 이송 기록이 말없이 증명한다. QR을 스캔하면 거대한 육체가 국경을 넘는 긴박한 현장을 확인할 수 있다.

특별한가?"

이 질문 속에 론 뮤익의 특별함이 숨어 있다. 그는 대상을 똑같이 복제하는 데 머물지 않고, 정교함 위에 충돌을 설계했다. 이를 가장 명확하게 증명하는 작품이 〈A Girl(소녀)〉다.

〈A Girl〉은 갓 태어난 신생아를 묘사한 조각이다. 양수에 젖은 피부, 붉게 달아오른 살빛, 탯줄이 그대로 남아 있는 배꼽. 관람객은 살아있는 아기를 대면한 듯한 착각에 빠진다. 하지만 감탄은 긴장으로 바뀐다. 작품의 크기가 실제 신생아보다 수십 배나 크다는 사실을

자각하는 순간이다. 길이 약 5미터에 이르는 이 거대한
아기 옆에서 성인은 한없이 왜소해보일 뿐이다.

익숙한 형상과 낯선 비례가 정면으로 부딪친다.
극사실주의와 초현실이 한 작품 안에서 충돌한다. 세밀한
묘사가 극사실적 감각을 만드는 동시에, 현실에서
존재할 수 없는 크기가 그 감각을 뒤흔든다. 사람들은
잘 만들었다는 감탄에서 멈추지 않고, 현실과 비현실이
한 대상 안에서 충돌하는 장면 앞에서 발걸음을 멈춘다.
그리고 묻는다.

"이 익숙하면서도 낯선 존재는 무엇을 말하고 있는가?"

이 질문이 뮤익이 설계한 충돌하기의 첫 번째 성과다.
하지만 그는 충돌시키는 데서 멈추지 않았다. 만약 두
요소가 연결 없이 나열되기만 했다면, 극사실은 정교한
재현에 머물고 초현실은 기괴한 왜곡으로 소비됐을
것이다.

뮤익은 탄생이라는 사건 위에서 둘을 연결하며,
연약하면서도 압도적인 존재로서의 생명을 시각화했다.
탄생은 그 자체로 지극히 사실적이면서 동시에 초현실적인
경험이다. 이 지점에서 관람객은 작품 앞에 멈추는

데 그치지 않고, 생명을 마주하는 근원적 경험 속으로 들어간다. 비로소 해석의 틈이 열리는 것이다. 어떤 이는 "생명이란 무엇인가?"라는 질문을 떠올리고, 또 다른 이는 자신의 아이가 태어났던 순간을 떠올리며 탄생의 경이를 다시 경험한다. 작품의 힘은 보편적 연결고리에 있다. 론 뮤익은 이질적인 요소들이 서로 부딪히는 사이에서 누구나 공유할 수 있는 삶의 지점들을 배치해둔 것이다.

뮤익이 초현실적 크기를 핵심 전략으로 삼게 된 데에는 이유가 있다. 그는 2003년 미술 저널리스트 사라 탕기Sarah Tanguy와의 인터뷰에서 이렇게 말했다.

"실물 크기의 인물을 만든 적이 없다. 흥미롭게 느껴진 적이 없었기 때문이다. 우리는 매일 실물 크기의 사람들을 만난다. (…) 평범한 것이라면 하지 않았을 방식으로 주목하게 만들고 싶었다."

크기의 이탈은 단순한 기교가 아니라 일상에서 당연하게 지나치는 것들을 멈춰 세우는 장치였다. 뮤익은 자신의 작업이 지향하는 바를 다음과 같이 덧붙였다.

"한편으로는 믿을 수 있는 존재감을 만들려 하고,

다른 한편으로는 오브제로서 기능해야 한다. 그것들은
살아있는 사람이 아니지만, 그 앞에 서서 그것이
살아있는지 아닌지 확신할 수 없다는 점이 좋다.”

론 뮤익은 표상을 만드는 데 수많은 시간을 들이지만,
그가 진정으로 포착하려는 것은 삶의 깊이다. 그에게
극사실성과 초현실성은 삶의 본질을 드러내기 위한 수단일
뿐이다. 이것이 뮤익의 작품이 일반적인 밀랍 인형이나
로봇 조형물과 궤를 달리하는 이유다. 밀랍 인형은 외형적
재현으로 경탄을 자아낼 수 있지만, 관람객의 내면으로
이어지는 의미의 교각은 놓지 못한다.

조각이 오브제이면서 동시에 존재여야 한다는 이
요구가 뮤익 작업의 핵심 긴장이다. 〈A Girl〉의 이송
기록은 그 긴장이 얼마나 물리적인 실체인지를 적나라하게
드러낸다. 기록에 따르면, 길이 5미터의 거대 아기 조각인
〈A Girl〉을 들어 올리는 데만 8명의 인원이 동원되었다.
흥미로운 점은 기술자들의 태도였다. 그들은 거대한
조각을 옮기면서도 탯줄처럼 취약한 부위를 다룰 때면
마치 실제 아기를 보살피듯 극도로 주의를 기울였다고
증언했다.

단순한 무기물인 조각을 살아있는 아기처럼 대우

한다는 이 역설적인 사실이야말로, 뮤익이 무엇을 만들었는지를 가장 명확히 웅변한다. 그는 시각적 충돌을 통해 관람객을 멈춰 세운 뒤, 그 틈 사이로 살아있음에 대한 근원적인 질문을 밀어 넣은 것이다.

캐슬린 라이언, 곰팡이 자리에 에메랄드를 박아넣다

뮤익이 크기의 대비로 경이로움을 줬다면, 이번에는 부패한 곰팡이와 영롱한 보석이라는 물질의 속성이 정면으로 충돌한다. 캐슬린 라이언Kathleen Ryan은 2019년 아트 바젤 마이애미 비치에서 발표한 거대한 썩은 과일 연작 〈Bad Fruit(나쁜 과일)〉로 주목받았다.

〈Bad Fruit〉 앞에 선 관람객의 반응은 하나의 감각에서 출발한다. 멀리서 보면 거뭇하게 곰팡이가 피고 군데군데 짓물러 터진 썩은 과일이다. 관람객은 이것을 거대한 쓰레기 정도로 인식하며 무심히 다가간다. 한 걸음 더 다가가는 순간 관람객은 멈춘다. 곰팡이 부분이 에메랄드, 자수정, 오팔 같은 천연 보석으로 촘촘히 채워져 있기 때문이다. 반대로 싱싱하고 온전해 보이는 부분에는

캐슬린 라이언 〈Bad Lemon (Seed)〉
보석이 곰팡이 자리를 채우고 있다.
아름다움과 부패가 같은 표면 위에
있을 때, 우리가 '귀하다'고 믿어온
것들이 흔들린다.

값싼 플라스틱 비즈가 쓰였다. 귀한 것은 아름다워야 하고, 천한 것은 부패를 묘사해야 한다는 통념이 전복되는 순간이다.

라이언은 2020년 출간된 작품집 《Bad Fruit》에 수록된 큐레이터 알리 수보트닉Ali Subotnick과의 대담에서 재료 선택의 이유를 다음과 같이 설명한다.

"보통 신선한 부분에는 유리나 플라스틱 비즈를 쓰고, 썩은 부분에는 천연 재료를 쓴다. 그게 일종의 방식이다. (…) 가치의 연상이 뒤집혀 있다. 귀한 것을 잘못된 부분에, 즉 썩은 부분에 쓰고 플라스틱을 익은 부분에 쓰는 것이다. 하지만 나에게는 그 재료들이 지구에서 왔고, 어떤 생명력

같은 것을 지닌다는 점도 중요하다.”

썩은 자리에 천연 보석을 박아넣는 행위는 단순한 시각적 대비를 위한 장치가 아니다. 그것은 재료 자체가 품고 있는 시간과 생명력에 대한 작가의 믿음에서 비롯된다. 보석과 곰팡이를 연결시키는 키워드는 증식이다. 곰팡이는 과일의 생명력을 빨아들이며 퍼져나가고 본질을 잠식한다. 라이언은 그 자리에 보석을 박아넣었다. 욕망 역시 스스로를 증식시키며 인간성의 본질을 갉아먹는다는 점에서 곰팡이와 닮아 있다. 이 연결은 텍스트를 통한 설명 이전에 형상 그 자체로 관람객에게 감각된다.

라이언은 “우리가 탐닉하는 반짝이는 보석들이 부패와 연결되어 있다는 점을 시각화하고 싶었다”고 했다. 곰팡이처럼 묘사된 보석은 단순한 조형적 장치가 아니다. 그것은 안에서부터 증식하는 욕망이 대상의 본질을 서서히 부식시키고 있다는 사실을 폭로하는 시각적 은유다. 아름다우면서도 불안한 이 조각들은 욕망과 불편함을 뒤섞으며, 우리가 가치 있다고 믿어온 것들에 근본적인 질문을 던진다.

젠틀몬스터가 안경점을
뮤지엄으로 만든 이유

론 뮤익과 캐슬린 라이언이 충돌의 구조를 예술 작품으로 보여주었다면, 비즈니스 현장에서 이 원리를 가장 선명하게 구현해낸 브랜드는 젠틀몬스터Gentle Monster다.

서울에서 임대료가 가장 비싼 상권 한가운데, 팔아야 할 상품 대신 거대한 조형물이 놓여 있다면 어떨까. 조형물이 판매 제품과 관련조차 없다면 어떨까. 대부분의 기업이라면 엄두도 내지 못할 이 실험을 젠틀몬스터는 창업 초기부터 밀어붙였다.

2011년 젠틀몬스터가 첫발을 뗐을 때, 패션 아이웨어라는 개념은 대중적이지 않았다. 국내 안경 시장은 명품 라이선스 아니면 중저가 기능성 상품으로 양분되어 있었고, 안경은 오로지 시력 보정 도구라는 인식이 강했다. 창업자 김한국 대표는 "한국인의 얼굴형에 맞는 제대로 된 안경이 없다"는 문제의식에서 출발해 질문을 던졌다.

"안경이 왜 여전히 시력 보조구로만 인식되어야 하는가?"

GENTLE MONSTER

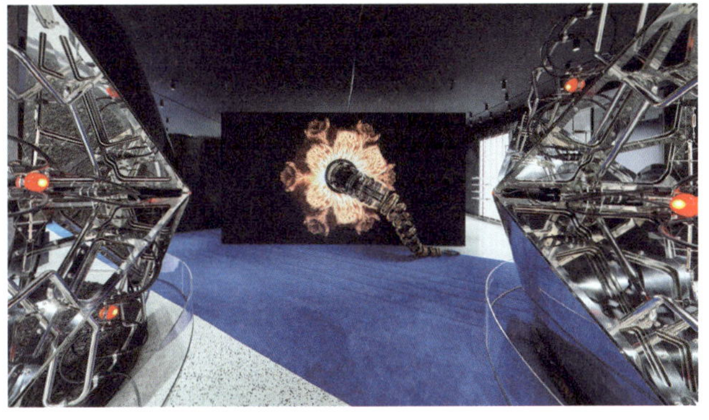

안경보다 조형물이 먼저 눈에 들어온다.
이 공간에 발을 들이는 순간, 소비자는
관람객이 된다.

지금 들으면 당연한 말 같지만, 당시로서는 꽤 급진적인 질문이었다. 질문을 현실로 옮기는 일은 쉽지 않았다. 처음에는 안경원에 납품하려 했지만 신생 업체라는 이유로 번번이 거절당했다. 김한국 대표는 전략을 수정했다. 고객을 찾아가는 대신 찾아오게 만들기로 한 것이다.

2013년 논현동의 한 주택에서 첫 쇼룸이 열렸다. 마당에는 뱃머리가 벽을 뚫고 들어가는 배가 놓여 있었다. 이어 2014년 홍대 매장에서는 25일마다 공간 전체를 바꾸는 〈퀀텀 프로젝트Quantum Project〉를 시작해 2년 동안 36번의 변화를 이어갔다. 사람들은 매번 바뀌는 공간을 보러 그곳에 갔다.

결과는 숫자로 증명되었다. 시각적 화제성에 머물지 않고, 팬덤을 형성하는 동력이 된 것이다. 운영사 아이아이컴바인드IICOMBINED는 2025년 매출 약 7,723억 원, 영업이익 약 1,770억 원을 거뒀다. 영향력은 전 세계로 확장되었다. 뉴욕, 런던, 로스앤젤레스, 싱가포르, 두바이 등에 플래그십 스토어를 열었고, LVMH 계열 사모펀드 엘 캐터튼L Catterton으로부터 투자를 유치했다. 구글은 차세대 스마트 안경의 디자인 파트너로 젠틀몬스터를 선정했다. 쇼룸 임대료가 부담이었던 신생 업체는 성수동에 거대한 사옥을 지을 정도로 성장했다. 매장은 해외 관광객들이 찾는 투어 코스가 되었다. 젠틀몬스터는 안경을 넘어 의류, 식기, 디저트까지 범위를 넓히며 라이프스타일 전반에 자신들만의 감각을 펼치고 있다. 이들의 성공을 트렌드나 디자인 덕분이라고 보는 시선도 있다. 하지만 핵심은 다른 곳에 있다. 매장에 한 번이라도 가본 사람이라면 알 것이다. 공간을 지배하는 것은 안경이 아닌 거대한 조형 작품이다. 젠틀몬스터는 안경 매장을 뮤지엄으로 재구성했다. 발을 들이는 순간 소비자는 쇼핑객이 아닌 관람객이 된다.

안경 매장과 뮤지엄은 본래 어울리지 않는 조합이다. 하지만 이 낯선 결합이 강력한 호기심을 자극한다.

"이게 뭐지? 왜 안경점에 이 거대한 설치물이 있는 거지?"

익숙한 소비 공간에서 예상치 못한 예술적 체험이 등장하고, 사람들은 그 낯섦에 발길을 멈춘다. 이 이질적인 충돌이 기괴한 불협화음으로 끝나지 않는 결정적인 이유가 있다. 안경 매장이 제공하는 시각 교정과 뮤지엄이 선사하는 시각 자극은 표면적으로는 무관해 보이지만, 결국 인간의 시각 경험이라는 동일한 본질 위에서

공명하고 있다. 이 공통점이 결합의 저항감을 해소하고
충돌을 해석 가능한 긴장으로 전환한다. 그렇게 안경의
지위가 바뀐다. 매장이 뮤지엄으로 정의되는 순간, 안경은
상품이 아니라 하나의 작품이 된다. 공간의 상징성이
상품에 그대로 전이되는 것이다. 실험적인 디자인의
안경이 평범한 진열대에 놓여 있다면 소비자는 "과하다",
"이상하네"라고 치부했을지 모른다. 하지만 거대한 설치
작품 옆에 놓인 안경 앞에서 소비자는 다양한 반응을
내놓는다.

"이건 무슨 의미지?"
"이런 분위기에 쓰니까 또 괜찮은데."

해석의 틈이 열린다. 젠틀몬스터의 안경이 지닌
심미성과 뮤지엄의 예술성이 같은 층위에서 만나면서
브랜드 전체가 재해석의 문법을 얻는다. 이제 소비자들은
젠틀몬스터의 어떤 파격도 단순히 이상한 것으로 보지
않는다. 대신 "이번에는 어떤 의도를 선보인 걸까"라며
능동적으로 그 틈을 메우려 한다. 갭 디자인이 작동하는
순간이다.
여기서 의문이 든다. 이런 전략은 예술적 감각이 강한

패션 브랜드만 가능하지 않을까. 이 답을 이케아에서 찾을 수 있다.

이케아가 요리를 조립하기로 했다

이케아는 1943년 스웨덴에서 시작된 가구 브랜드다. 전 세계 수십 개국에 매장을 둔 이들은 합리적인 가격과 좋은 디자인의 대중화를 이끌었지만, 이케아를 그저 저렴한 가구 회사로만 정의하면 브랜드의 본질을 놓치게 된다. 이케아의 정체성은 가구라는 상품보다 그것을 사용하는 방식에 있다.

이케아는 대부분의 제품을 납작한 상자에 담아 제공하는 플랫팩 방식을 고수하며, 마지막 완성을 사용자의 몫으로 남겨둔다. 소비자는 부품이 가득한 박스를 집으로 가져와 직접 가구를 완성한다. 행동경제학자 마이클 노턴Michael Norton은 이 과정에서 생기는 심리적 효과를 이케아 효과라 불렀다. 사람들이 직접 완성한 물건에 완제품보다 더 높은 가치와 애착을 부여한다는 이론이다. 이 과정을 실현하는 핵심 엔진이 조립 설명서다. 이케아의 설명서는 텍스트를 배제한 채 픽토그램과 순서도로만 구성되어 있다. 언어와 문화의 장벽을 제거해 전 세계 누구라도 동일한 결과물에 도달하게 만드는 시스템이다. 여기서 설명서는 단순한 안내서에 머물지 않는다. 사용자의 능동적인 참여로 브랜드 경험을 완성하는 매개체로 기능한다.

2017년 이케아 캐나다는 이 도면의 문법을 가구 매장 밖으로 꺼내 들었다. 이케아의 정체성을 요리라는 이질적인 영역과 정면으로 충돌시킨 〈Cook This Page(이 페이지에 요리하라)〉 캠페인이 그 결과물이다. 우리가 흔히 접하는 레시피 북을 상상했다면 오산이다. 이케아의 접근은 훨씬 근본적이었다. 요리라는 복잡한 행위 자체를 자사의 정체성인 조립 도면의 문법 속으로 끌어다 놓았다.

일반적인 레시피는 "소금 한 꼬집, 토마토 소스 3스푼, 면 100그램을 준비하세요"처럼 텍스트와 수치로 계량을 안내한다. 하지만 〈Cook This Page〉는 그런 관습을 거부했다. 사용자가 마주하는 건 이케아 가구 부품도처럼 그려진 커다란 유산지 한 장이었다. 종이 위에는 식재료가 놓일 자리마다 실물 크기의 점선 도면이 찍혀 있었다. 연어 토막이나 마늘 한 알, 로즈메리 한 줄기를 부품을 배치하듯 점선 위에 올려놓기만 하면 그만이었다. 계량컵도, 저울도,

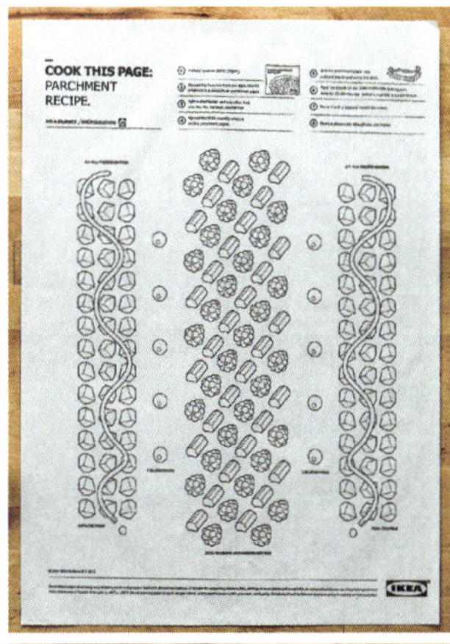

점선으로 표시된 재료 자리 위에
실제 식재료를 올려놓으면 된다.
조립 도면이 레시피가 되는 순간,
요리가 두렵지 않아진다.

조리 과정에 대한 설명도 없었다. 재료를 도면에 맞게 올려놓은 뒤 종이째 싸서 오븐에 넣기만 하면 그럴듯한 요리가 완성되었다. 여기서 충돌이 일어났다. 본래 요리는 감각과 숙련이 지배하는 영역이다. 레시피 영상을 따라 해도 계량은 번거롭고 과정은 꼬이기 마련이다. 같은 재료와 순서를 따라도 결과는 들쑥날쑥하다. 반면 조립 설명서는 예외를 최소화하는 구조의 영역이다. 이케아는 감각이 지배하던 요리에 예외 없는 조립 시스템을 정면으로 부딪쳤다.

요리 초보도 도면 위에 재료를 얹는 순간 근사한 결과물을 손에 쥔다. 요리의 난이도가 낮아진 것이 아니다. 요리를 대하는 방식 자체가 바뀐 것이다. 감각이 아닌 절차를 수행하는 경험이 인상을 남긴다. 이 캠페인은 2017년 칸 라이언즈 국제 광고제에서 골드 라이언과 브론즈 라이언을 수상했다.

이케아는 새로운 레시피를 만들지 않았고, 요리를 가르치려 들지도 않았다. 자신들이 가장 잘해온 방식, 그러니까 부품을 넣을 자리를 지정하는 설명서라는 사고방식에 요리라는 이질적 기능을 충돌시켰을 뿐이다. 가구 설명서와 요리를 묶어주는 연결고리는 성공적인 완성 경험이다. 두 영역은 모두 과정이 복잡할수록 실패

확률이 높다는 속성을 공유한다. 이케아의 조립 설명서는 숙련되지 않은 사람도 정해진 경로를 따라가면 반드시 완성에 도달하게 만드는 시스템이다. 이케아는 이 강력한 시스템을 요리에 이식해 실패에 대한 두려움을 성취에 대한 확신으로 전환했다. 이제 사용자는 요리를 잘하려고 애쓰는 대신 설명서의 안내를 따라가는 행위만으로 완성의 기쁨을 누린다. 이러한 연결을 통해 전이가 일어난다. 사람들은 요리하며 이케아를 떠올리고, 이케아를 보며 자신의 요리 경험을 상기한다. 브랜드와 일상 사이에 새로운 연결선이 생겨나는 것이다.

좋은 가구를 저렴하게 파는 업체를 넘어, 누구라도 반드시 완성에 도달하게 만드는 구조를 설계하는 기업이라는 인식으로 이동한다. 사람들은 이케아를 제품 자체보다 무언가를 완성해낸 경험, 그 과정을 가능하게 만든 방식으로 기억한다. 이케아가 설계한 것은 가구가 아니라 완성 경험의 시스템이었다. 그 시스템 안에서 이케아의 매력은 각자의 방식으로 분화된다. 누군가에게는 조립에 대한 두려움을 성취감으로 바꿔준 구원자가 되고, 또 누군가에게는 반복되는 일상을 유희로 바꿔준 놀이터가 된다. 제품은 낡아 사라지지만, 충돌하기가 설계한 이 틈을 통해 얻은 감각은 브랜드에 대한 단단한 애착으로 남는다.

소음과 의미는
한 끗 차이다

충돌하기가 작동하려면 두 가지가 갖춰져야 한다. 표면을
낯설게 부딪히는 **외적 이질성**, 내부에서 설득력을 잇는
내적 연결성이다. 이 둘이 동시에 작동해야 유효한 충돌이
성립한다. 이를 설계하기에 앞서 우리가 가장 먼저 해야
할 일은 브랜드가 활용 가능한 자원을 정확히 파악하는
것이다. 우리는 흔히 새로운 것을 찾기 위해 외부로 눈을
돌리지만, 정작 가장 강력한 재료는 내부에 숨어 있는
경우가 많다. 개인이라면 자신의 디지털 흔적이나 소비
기록을 훑어보며 이런 질문을 던져볼 수 있다.

"나는 왜 이 주제에 이토록 많은 시간을 쓰고 있을까?"
"좋아한다고 믿었던 분야를 실제로는 거의 소비하지
않고 있네."

무심코 지나친 데이터의 파편들은 스스로도 미처
깨닫지 못했던 진짜 욕망을 가리키는 나침반이 된다.
브랜드도 마찬가지다. 여기서 말하는 재료란
브랜드가 탄생하며 쌓아온 과거의 캠페인 히스토리,

소비자가 뜨겁게 반응했던 콘텐츠, 심지어 실패한 프로젝트의 잔해까지 포함된 로우 데이터Raw Data를 의미한다. 내부의 기록을 깊이 펼쳐보면 브랜드의 고유성을 증명하는 가장 강력한 무기를 발견하게 된다.

물론 내부의 자원을 정의했다고 해서 작업이 끝나는 것은 아니다. 이 재료를 낯설게 충돌시킬 외부 환경 데이터도 함께 수집해야 한다. 경쟁 매장, 동종 업계 인플루언서, 비슷한 타깃을 겨냥한 광고 피드와 영상에서 눈길이 머무는 장면이나 반복되는 메시지를 캡처해보자. 그 과정에서 공통된 키워드, 자주 등장하는 서사, 반복되는 이미지를 발견할 수 있다. 이처럼 안팎의 데이터를 뒤져 충돌의 재료를 파악했다면, 이제 이를 어떻게 낯설게 결합할지 고민해야 한다.

젠틀몬스터 사례를 떠올려보자. 중심 키워드는 안경이었다. 안경의 본질을 미적 오브제로 새롭게 규정하자 패션, 뮤지엄, 설치미술, 서브컬처 같은 감각적 세계가 모두 안경과 부딪칠 후보군으로 진입했다.

하지만 후보가 많다고 해서 무작정 부딪친다고 충돌이 일어나지는 않는다. 수집한 자원들이 고유의 형태를 완강하게 유지하고 있으면, 낯선 결합이 끼어들 틈이 생기지 않기 때문이다. 따라서 다음 단계로 자원을 원형 그대로 두지 않고 잘게 쪼개는 해체 작업이 필요하다. 하나의 단어도 여러 층위로 분해하면 충돌의 씨앗이 보인다. 채소를 예로 들어보자. 채소는 단순한 식재료에 머물지 않는다. 서브 재료로서의 역할, 소박함이라는 상징적 층위, 저칼로리라는 기능적 층위가 있다. 또한 푸른 색감, 아삭한 질감, 신선한 향처럼 오감을 자극하는 미학적 층위도 존재한다. 채소라는 단어가 이처럼 다각도로 분해할 때 비로소 다층적인 충돌 설계가 가능해진다.

베지테리언 사시미를 이 틀로 되짚어보자.

사시미의 고급스러움과 채소의 소박함, 메인 재료와 서브 재료라는 위상 차이가 표면에서 부딪치며

분석 층위	사시미	채소	충돌의 구조
역할	메인 재료	서브 재료	외적 이질성
기능	필수 영양소	저칼로리	내적 연결성
상징	고급스러움	소박함	외적 이질성
미학	정갈함	푸릇함	내적 연결성

외적 이질성을 만든다. 동시에 둘은 건강한 음식이라는 공유 가치, 과잉을 덜어낸 담백함이라는 감각적 접점 위에서 만난다. 이것이 내적 연결성이다. 이질적인 면과 연결 가능한 지점이 동시에 확보될 때 충돌은 소음이 아닌 의미가 된다. 외적 이질성, 내적 연결성 중 어느 한쪽이라도 부족하다면 다른 키워드를 가져와 재조합해야 한다.

충돌하기의 본질은 그저 낯선 것을 나열하는 데 있지 않다. 자신의 자원을 다층적으로 해체하고, 이질성과 연결성이 동시에 작동하는 지점을 찾아내는 일에 있다. 모든 충돌이 같은 힘을 갖는 건 아니다. 강도가 약하면 낯섦이 부족해 시선이 멈추지 않고, 너무 강하면 연결고리가 끊겨 거부감만 남는다.

내적 연결성은 서로 다른 요소를 하나의 의미 구조로 묶어주는 심리적 교각이다. 교각이 무너지면 충돌은 소음으로 전락한다. 구두약 용기에 초콜릿을 담은 콜라보레이션 사례가 이를 보여준다. 색상과 질감이 비슷하다는 시각적 공통점에 착안했지만 반응은 냉담했다. 식품과 화학 약품 사이에서 내적 연결성을 찾을 수 없기 때문이다. 구두약의 냄새와 독성이라는 부정적 인식이 초콜릿의 달콤함을 압도했다. 외적 이질성만 존재하고 내적 연결성이 부재할 때 충돌은 자극이 아닌 불쾌가 된다.

핵심은 충돌의 적정 강도를 설계하는 데 있다. 이를 유형별로 분류하면 다음과 같다.

섞음(융합)

정의: 서로 다른 요소가 완전히 뒤섞여 제3의 형태로 재탄생

특징: 익숙하고 조화롭지만 충격과 반응 유도 부족

예시: 스무디

낮은 충돌

정의: 서로 다른 요소가 각자의 속성을 유지한 채 만나지만 충돌보다 조화를 이루는 것

특징: 이질성은 있으나 익숙함이 강하고 인식의 균열은 부족

예시: 햄버거와 콜라, 피자와 맥주

적절한 충돌

정의: 각자의 본질을 유지하면서 표면의 강한 이질성이 긴장을 형성하고, 동시에 상호 연결 가능한 개념이 존재

특징: 이질성을 갖추면서 내적 연결성을 지녀 충돌은 물론 폭넓은 메시지를 담기에도 최적

예시: 베지테리언 사시미, NASA 우주선 발사 사진

지나친 충돌

정의: 충돌이 지나쳐 해석 불가능하거나 불쾌감을 유발

특징: 순간적 주목은 가능하지만 의미는 지속되지 않고 브랜드에 손상 위험

예시: 구두약 초콜릿

거리두기는 익숙한 관점에서 멀어져 틈을 만들고, 충돌하기는 낯선 요소를 정면으로 부딪쳐 틈을 벌린다. 방법은 다르지만 겨냥하는 지점은 같다. 소비자가 스스로 해석을 시작할 수 있는 여백을 설계하는 것, 그것이 갭 디자인이다.

피카소

파블로 피카소는 20세기 미술을 바꾼 혁신가다. 그를 두고 큐비즘을 떠올리는 이들이 많지만, 그것은 젊은 시절의 피카소가 보여준 단면일 뿐이다. 대상을 해체하고 재조합하며 보는 방식 자체를 뒤흔든 큐비즘이 급진적 파괴였다면, 본문에서 살펴본 〈황소〉 연작은 그 반대편에 있다. 수십 년간 쌓아 올린 기교를 하나씩 걷어내며 선 하나로 본질에 도달하는 정제의 과정이었다. 피카소는 더하는 행위 대신 철저히 덜어내는 선택으로 완성을 구현했다. 그는 파괴와 정제라는 예술의 양 극단을 모두 관통하며 본질에 이르는 틈을 설계해낸 것이다.

론 뮤익

론 뮤익은 호주에서 부모님이 운영하던 장난감 가게와 인형 공방을 도우며 자랐다. 사람의 형상을 손으로 빚는 일은 그에게 놀이이자 일상이었다. 성인이 된 뒤에는 영화 제작 현장으로 활동 무대를 옮겼다. 괴물의 피부, 배우의 상처, 캐릭터 가면이 모두 그의 손을 거쳐 탄생했다. 당시 그에게 순수미술은 낯선 영역이었다.

전환점은 우연히 찾아왔다. 영국에서 화가로 활동하던 장모 파울라 레고Paula Rego가 개인전을 준비하며 피노키오 조각 한 점을 요청했다. 가벼운 부탁으로 시작된 이 작업은 컬렉터 찰스 사치Charles Saatchi의 눈에 띄며 뮤익의 인생을 바꿨다. 그의 잠재력을 알아본 사치는 추가 작업을 의뢰했고, 1997년 런던 왕립미술원의 〈센세이션Sensation: Young British Artists from the Saatchi Collection〉 전시에 그를 초청했다. 장난감 가게에서 인형을 빚던 소년이자 영화 현장의 기술자가 세계 미술계의 중심에 서는 순간이었다.

캐슬린 라이언

캐슬린 라이언은 가장 귀한 것과 가장 천한 것을 한 표면 위에 올려놓는 조각가다. 캘리포니아 산타모니카

출신인 그녀는 서부 해안의 대중문화, 자동차와 볼링공, 과일과 꽃이 뒤섞인 풍경 속에서 자랐다. 이 평범한 일상의 풍경은 훗날 그녀의 독창적인 작업 언어가 되었다.

그녀의 작업 세계를 관통하는 키워드는 긴장이다. 2017년 빈 미술사 박물관 테세우스 신전에서 열린 첫 개인전에서 콘크리트로 주조한 풍선들을 포도송이처럼 사슬로 묶어 선보였다. 부풀어 오르려는 힘과 아래로 끌어당기는 중력 사이의 팽팽한 균형은 라이언 작업 전체를 지탱하는 구조가 되었다.

이 긴장은 이후 다양한 변주로 이어진다. 부서진 위성 안테나 위에 도자 새들이 깃드는 〈Satellite in Repose(고요 속의 위성)〉, 굴 껍데기처럼 열린 자동차 차체 안에 크리스털 거미줄이 자라나는 〈Generator(생성자)〉 시리즈가 대표적이다. 기술의 폐허 위에 자연이 내려앉고 산업의 잔해가 생명의 온상이 된다. 인공과 자연, 붕괴와 성장이 서로의 자리를 맞바꾸며 기묘한 아름다움을 제조한다.

이런 역설이 가장 선명하게 투영된 결과물이 본문에서 다루는 〈Bad Fruit〉 시리즈다. 썩어 문드러진 과일의 표면을 수많은 보석으로 덮어버린 이 작품은 가치의 경계를 무너뜨리며 관람객에게 실존적인 충격을 선사한다.

3

경험을 재편하는 법

경계넘기와 물들이기

사람은 정보를 수동적으로 받아들이는 존재가 아니다. 경험을 통해 의미를 부여하고 관계를 형성하는 존재다. 익숙함이 깨지고 새로운 감각이 깨어나는 순간 대상은 단순한 기능과 정보를 넘어 하나의 '사건'으로 인식된다. 이 지점에서 틈이 열린다.

이 틈 안에서 사람들은 수용자가 아닌 참여자가 되며 대상과 정서적으로 연결되기 시작한다. 그 연결을 만드는 길은 두 가지다. 경험의 규칙을 바꾸거나 감정의 안쪽을 건드리거나.

규칙 하나가
경계를 만든다

시장은 그 어느 때보다 빠르게 움직이고 있다. 새로운 제품과 서비스, 메시지는 파악하기도 전에 사라질 만큼 빠르게 지나간다. 며칠 전 화제였던 것이 순식간에 낡은 소식이 된다. 짧아진 수명 주기는 오늘날 기획자가 직면한 가장 근본적이고 고통스러운 난제다.

이런 상황에서 흔히 떠올리는 대응은 대규모 혁신이다. 새로운 제품군을 내놓고 거대한 프로젝트를 추진하며 전혀 다른 캠페인을 선보이는 식이다. 대규모 혁신은 시선을 단숨에 끌고 경쟁사를 압도한다. 그러나 이러한 고강도 전략을 매번 실행하기란 현실적으로 불가능하다. 조직의 자원과 에너지에는 한계가 있다. 그렇다고 변화 없이 반복만 이어갈 수도 없는 노릇이다.

우리에게 필요한 것은 제3의 전략이다. 거대한 판을 뒤엎는 대신 일상의 규칙을 미세하게 비트는 시도가 필요하다. 대상이나 틀은 유지하되, 그것을 소비하고 받아들이는 과정 중 단 하나의 규칙만 전환해도 전혀 다른 경험을 설계할 수 있다.

마케터와 기획자는 이 규칙 비틀기를 고정된 전략으로 가져가야 한다. 작은 비틀림 하나가 익숙한 질서를 유지하면서 낯선 감각을 만들어낸다. 이것이 **경계넘기**이다.

데이비드 보웬, 화성의 바람을 데이터로 옮겨 갈대를 흔드는 남자

인류에게 화성은 언제나 상상력을 자극하는 행성이다. 밤하늘에서 붉게 빛나는 점은 한 번도 디뎌본 적 없는 낯선 땅이지만 책과 영화, 음악 속에서 끊임없는 무대가 되어왔다. 《우주 전쟁》의 저자 H. G. 웰스는 화성인의 지구 침략을 그렸고, 영화 〈마션〉은 척박한 화성에서 생존을 이어가는 인간의 사투를 담아냈다. 영화 〈토탈 리콜〉은 화성을 미래 식민지로 상상했으며, 데이비드 보위David Bowie의 'Life on Mars'는 화성을 인간 내면의 초현실적 투영으로 불러냈다. 우리는 화성에 가본 적이 없으나, 상상 속에서 그 풍경을 살아왔다. 영화나 음악을 접할 때마다 묻게 된다.

"저기서 내가 살아남을 수 있을까? 저곳에서 인간은 어떤 경험을 하게 될까?"

현실의 화성은 너무 멀다. 체험 불가능한 물리적 제약처럼 느껴지기에 충분한 거리다. 그러나 보이지 않는 데이터가 그 거리를 메운다면 상황은 달라질 것이다. 화성의 바람이 지금 눈앞에서 풀잎을 흔드는 움직임으로 재현되는 순간, 화성은 추상적 우주를 탈피해 현실의 감각으로 전환된다. 이 경이로운 연결에 주목한 미디어 아티스트가 데이비드 보웬David Bowen이다. 그의 대표작 〈텔레-프레젠트 윈드tele-present wind〉는 멀리 떨어진 곳의 바람을 현재 공간에서 느끼게 해주는 설치물이다.

보웬은 NASA 제트 추진 연구소NASA JPL와 협업해 화성 탐사 로버 '퍼서비어런스Perseverance'가 전송하는 풍속 데이터를 전시장에 이식했다. 수억 킬로미터 밖의 기류 정보가 네트워크를 타고 흘러와 전시장 바닥에 세워진 126개의 정교한 기계 장치를 구동하는 방식이다. 각 장치는 x·y축으로 자유롭게 기울어지는 틸팅Tilting 기능을 갖추었으며, 그 끝에는 실제 마른 식물 줄기가 연결되어 있다. 원리는 간단하다. 전화가 목소리를 전기 신호로 바꿔 전달하듯, 보웬은 화성의 바람을 데이터로 바꿔 전시장으로 배달한다. 화성에서 불어오는 바람의 방향과 세기가 데이터로 치환되는 순간, 126개의 식물 줄기는 일제히 몸을 눕히고 흔들린다. 관람객은 시각적으로는 기계의 운동을 보지만, 피부로는 그 움직임이 만들어낸 공기의 파동을 느낀다. 익숙한 물리적 감각을 매개로 인류가 단 한 번도 딛지 못한 다른 차원의 세계와 조우하는 것이다.

이 작품은 우리가 당연하게 받아들여온 체험의 전제에 균열을 낸다. 우리는 흔히 체험을 직접 가서 경험하는 것으로 정의해왔다.

하지만 보웬은 묻는다.

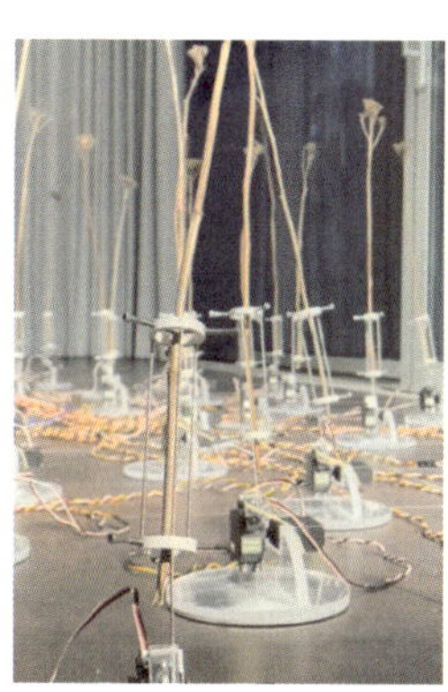

데이비드 보웬 〈tele-present wind〉
126개의 기계 장치가 일제히 요동친다.
이 움직임의 동력이 수억 킬로미터
밖 화성의 바람 데이터라는 사실을
자각하는 순간, 인공의 갈대는
설치물을 넘어 붉은 행성의 숨결
그 자체가 된다.

"정말 가야만 체험이 가능한가?"

그가 겨냥한 것은 체험을 정의해온 고정된 방식이다. 체험은 **가는 것**go에 국한되지 않는다. **오는 것**come이나 **가져오는 것**bring 역시 체험의 또 다른 형태가 될 수 있다. 화성 전체가 이동할 수는 없어도 그곳의 풍경을 만드는 바람을 가져오는 것은 가능하다. NASA가 수집한 풍속 데이터가 그 가능성을 현실로 만들었다.

이 지점에서 작품은 재현을 넘어선 현존의 전이로 나아간다. 사진이나 숫자를 제시하는 방식은 대상을 설명하는 재현에 머물 뿐, 지금 여기 있다는 실재감을 생성하지 못한다. 하지만 갈대가 흔들리며 전시장 안의 공기를 밀어내는 순간, 화성은 비로소 감각의 대상이 된다.

우리를 가로막고 있던 경계는 수억 킬로미터라는 물리적 거리가 아니었다. 체험을 가는 것으로만 한정 짓던 사고의 틀이었다. 틀이 깨지는 순간 해석의 틈은 넓어진다. 누군가는 흔들리는 갈대에서 과학기술이 감각으로 번역되는 경이를 느끼고, 어떤 이는 우주 탐사를 향한 인류의 집념을 읽는다. 또 다른 이는 영화속에서만 보던 화성을 경험한다는 사실에 벅차오를 것이다. 같은 작품 앞에 서 있지만, 관람객은 자기만의 화성을 경험한다.

보웬은 2022년 미술 교육자 대런 리 밀러^{Darren Lee} ^{Miller}와의 인터뷰에서 작업의 핵심을 설명했다.

"누구나 컴퓨터에서 똑같은 데이터를 얻을 수 있더라도, 거기에 여전히 미스터리가 있다. 그리고 여전히 경이로움이 있다. 나는 그 미스터리를 받아들인다."

데이터는 누구에게나 공개되어 있다. 하지만 수치가 갈대의 흔들림으로 번역되는 순간 경이가 발생한다. 이런 경이로움은 데이터가 단순한 수치를 탈피해 세계와 연결된 살아있는 감각으로 번역될 때, 그 미스터리는 더욱 깊어진다. 보웬의 또 다른 작업인 〈텔레-프레젠트 워터^{tele-present water}〉도 이를 증명한다. 2011년 일본을 강타한 쓰나미의 파동이 전시 공간의 격자 구조물을 격렬하게 뒤흔들 때, 전시장 안의 관람객은 지구 반대편의 비극을 실시간으로 마주할 수 있게 된다.

그에게 데이터는 차가운 통계가 아니다. 세계의 숨결을 지금 여기로 실어 나르는 살아있는 매개체다. 보웬이 공간이라는 경계를 동사적 규칙의 전환으로 해결했다면, 다음 작가는 시간이라는 거대한 경계 앞에 선다.

다니엘 아샴,
미래의 잔해를 지금 꺼내 보인 예술가

다니엘 아샴Daniel Arsham은 현재와 미래의 시점을 뒤섞는
특유의 문법으로, 명품 브랜드부터 포켓몬스터까지 상업과
예술의 경계를 가로지르는 아티스트다.

그의 세계관을 관통하는 핵심 시리즈는 〈Fictional
Archeology(미래의 고고학)〉이다.

아샴은 일상의 평범한 물건을 가져와 천 년 뒤
발굴된 유물처럼 제시한다. 그의 손을 거치면 스마트폰은
깨지고 굳어버린 석조물이 되고, 농구공은 균열이 가득한
화석으로 변모하며, 라디오는 침식된 잔해로 남는다. 영화
〈백 투 더 퓨처〉의 상징인 들로리언 자동차마저 빛바래고
부서진 고대 유물처럼 재현된다. 이것들은 지금 이 시대의
사물이자 동시에 미래의 유물이다. 익숙한 사물이 잔해로
바뀌는 순간 관람객의 시선은 멈춘다. 아샴은 대상을
과장하거나 기술적으로 변형하지 않는다. 대상을 그대로
둔 채, 시간의 규칙만 뒤집을 뿐이다.

물론 아샴이 처음부터 이 방식에 도달한 것은
아니었다. 초기작에서 그는 지극히 물리적인 파괴에
몰두했다. 찢기고 일그러진 구조물을 통해 재난이 남긴

다니엘 아샴 〈Eroded Delorean(침식된 들로리안)〉
과거와 미래를 오가던 기계가 침식된 채 멈춰 선 지금, 들로리안은 더 이상 이동 수단이 아니라 시간의 흔적으로 남는다.

다니엘 아샴 〈Bronze Eroded Astronaut(청동 침식 우주비행사)〉
미래의 상징인 우주복이 오래된 유물처럼 서 있다. 가장 미래적인 형상이 가장 오래된 잔해로 변하는 순간, 시간의 경계는 허물어진다.

시각적 충돌을 재현하는 데 집중했으나, 형체를 뒤트는 물리적 충격만으로는 관람객의 실존적 감각을 흔들기에 역부족이었다. 고민 끝에 아샴은 파괴의 정의를 다시 내렸다. 그에게 파괴는 단 한 번의 사고로 종결되는 사건이 아니라, 형태가 손상되고 기능이 소실된 자리 위로 시간이 겹겹이 쌓이는 연속적 과정으로 다가왔다. 이 깨달음은 작업을 물리적 파괴에서 시간적 파괴로 전환하는 결정적 계기가 되었다. 낡아가는 사물을 포착하거나 과거를 재현하려는 시도는 이미 무수히 존재했다. 아샴은 여기서 한 걸음 더 나아가 시점의 방향을 완전히 뒤집었다.

> "과거의 파괴를 재현하는 건 이미 있었다.
> 현재의 낡음을 포착하는 것도 있었다.
> 그렇다면 미래의 잔해가 지금 눈앞에 나타난다면?"

아샴은 시간을 따라가며 파괴를 설명하지 않았다. 대신 시간을 앞당겨 배치한다. 파괴가 완료된 사물을 지금 우리 앞에 놓는 방식이다. 과거에서 현재로 낡아가는 게 아니라, 미래에서 현재로 잔해가 도착한다. 시간의 경계를 전환한 것이다.

아샴은 2021년 미술 저널리스트 폴 라스터[Paul

Laster와의 인터뷰에서 이 세계관을 이렇게 설명했다.

"오늘날 존재하는 모든 것은 미래에 유물, 즉 고고학적
오브제가 될 것이다. 가상의 고고학이라는 개념은 우리가
그것들을 시간의 관점으로, 미래의 어떤 시대에서 바라볼
수 있게 해준다."

그래서 아샴의 조형물은 기묘한 긴장을 품는다.
지금 소비하는 사물이면서,
동시에 수백 년 뒤 발굴된
잔해처럼 보인다. 이 모순이
관람객이 시간을 인식하는
기준을 흔든다. 이 세계관은
예술계를 넘어 브랜드
영역까지 확장되었다.
루브르 박물관과 협업해
〈밀로의 비너스〉에 풍화의
흔적을 새겼고, 티파니의
상징적인 블루 박스를
균열을 품은 유물로 바꿨다.
포르쉐 911은 침식된

다니엘 아샴×포켓몬
〈Blue Standing Pikachu
(서 있는 파란 피카츄)〉
갈라지고 침식된 피카츄가 진열대
위에 서 있다. 이것이 우리가 알던
포켓몬인지 유물인지 구분되지
않는 순간, 아샴의 시간이
작동하고 있다는 걸 알게 된다.

화석이 되었고, 포켓몬 캐릭터들은 수백 년 후 발견된 신화적 존재로 재해석되었다. 포켓몬과의 협업은 단순한 IP 활용이 아니었다. 아샴에게 그리스 로마 조각상과 포켓몬은 같은 층위에 있다. 둘 다 시대를 대표하는 팝 컬처 아이콘이기 때문이다. 천 년의 시간을 무너뜨리면 피카츄와 비너스는 동일한 가치를 지닌 인류의 잔해가 된다.

수많은 브랜드가 아샴과 협업을 원한 이유는 명확하다. 아샴의 세계관은 미술관 밖으로 작동한다. 그의 시간 언어는 예술이 일상과 멀다고 느끼는 대중에게는 직관적으로 닿는다. 협업은 그 도달 범위를 넓히는 수단이었다. 그의 세계관은 브랜드들이 원하는 해석을 담아낼 만큼, 넓고 탄탄하다.

삼성전자는
'버린다'를 '만든다'로 바꿨다

경계넘기는 비즈니스에서도 작동한다. 삼성전자가 이 원리로 반향을 일으킨 사례를 보자.

삼성전자는 매년 막대한 자원을 연구 개발에

투자하며 기술과 제품력에서 경쟁력을 확보해왔다. 소비자가 삼성전자에 기대하는 혁신 역시 거대한 기술적 진보였다. 하지만 삼성전자의 시선은 거시적인 담론에만 머물지 않고, 고객의 사소한 일상 속 불편으로 향했다.

대형 가전을 배송받아본 고객이라면 공감할 불편이 있다. 포장 박스를 처리하는 문제다. 제품을 꺼내는 순간 박스는 짐이 된다. 집에 두자니 공간만 차지하고, 버리자니 크고 무겁다. 그래서 이런 바람이 생기곤 한다.

"삼성전자가 직접 와서 치워주면 좋겠다."

현실적으로는 실현하기 어려운 요구다. 배송 기사는 하루에도 수많은 가정을 방문해야 하며, 매번 거대한 박스를 수거해 폐기까지 책임지는 물류 시스템을 구축하는 것은 기업에 많은 비용과 운영 부담을 안긴다. 고객이 떠올리는 치움의 방식, 즉 기업이 박스를 회수해가는 물리적 해결은 제약에 막힌다.

여기서 삼성전자는 방향을 틀었다. 물류 혁신이 아니라 '치운다'라는 동사 자체를 다시 정의하기로 한 것이다. 우리는 흔히 '치운다'는 행위에 '버린다'라는 규칙을 강하게 연결한다. 불필요한 것을 없애는 가장

익숙한 방식이니까. 하지만 일상에서 수행하는 치움은
버리는 것만을 의미하진 않는다. 옷장을 치울 때를
떠올려보자. 모든 옷을 버리지는 않는다. 철 지난 옷은
보관하고, 입지 않는 옷은 나눔하며, 어울리지 않는 옷은
리폼하기도 한다. '치움=버림'이라는 공식은 우리가
스스로 설정한 좁은 규칙일 뿐이었다.

"치움은 반드시 버려야만 성립하는가?"

이 질문이 경계를 허물었다. 문제는 기업이 어떻게
이 쓰레기를 수거할 것인가라는 물리적 숙제에서, 어떻게
가치를 전환할 것인가라는 전략적 질문으로 바뀌었다.
2020년 삼성전자가 TV 포장 박스를 생활 소품으로
재탄생시킨 〈Out of the Box(아웃 오브 더 박스)〉 캠페인은
그렇게 시작되었다. 박스의 점선을 따라 자르고 접으면
고양이 집, 잡지꽂이, 작은 테이블이 된다. 치움의 규칙이
버린다에서 만든다로 전환되자, 고객은 쓰레기를 처리하는
피로감 대신 새로운 가치를 창조하는 놀이를 경험했다.
기업이 박스를 수거할 필요도, 별도 시스템을 구축할
필요도 없었다. 고객이 직접 자르고 접는 행위 자체가
치움이 됐으니까. 이 캠페인은 단순히 불편을 덜어주는 데

포장 박스 위에 점선과 가위 표시가
인쇄되어 있다. 자르고 접는 순간,
쓰레기는 살림이 된다.

그치지 않고, 삼성전자라는 브랜드를 바라보는 소비자의 인식에 새로운 틈을 만들었다. 삼성전자는 기술, 스펙, 성능, 혁신 같은 큰 것을 잘하는 기업으로 기억되어 있었다. 하지만 이 캠페인을 통해 소비자는 삼성의 다른 면을 발견하게 된다.

> 일상의 작은 불편도 섬세하게 바라보는 기업.
> 기술이 아닌 관점으로도 문제를 해결하는 기업.

이처럼 기존의 인식이 변하며 생겨난 새로운 심리적 공간이 바로 틈이다. 더 중요한 것은 이 틈이 기업의 일방적인 광고가 아닌 고객의 직접적인 체험을 통해 만들어졌다는 점이다. 고객은 억지로 메시지를 기억하지 않는다. 박스를 접어 물건을 만드는 과정에서 삼성전자가 제안한 새로운 규칙을 몸소 체험하며, 자연스럽게 그 브랜드의 틈을 자신의 경험으로 채워 넣는다.

동사 하나를 바꾸면
경계가 넘어간다

지도만 바라본다고 길이 열리지는 않는다. 짐을 싸고,
신발을 신고, 걸어야 한다. 비즈니스도 마찬가지다. 가치
창출, 브랜드 제고, 불편 해소 같은 목적만 세운다고
해결되는 것은 아무것도 없다. 목표가 전략으로
치환되려면 그것을 움직이게 만드는 실질적인 동사를
찾아야 한다.

　　스타벅스는 제3의 공간이라는 비전을 선언했다. 핵심
동사는 '머물게 한다'였다. 와이파이, 조명, 음악, 의자까지
모든 요소가 이 동사를 실행하기 위해 설계되었다.
넷플릭스의 목표는 엔터테인먼트의 개인화였지만, 이를
현실화한 동사는 '추천한다'였다. 알고리즘은 그 동사를
구현하기 위한 수단에 불과했다. '고객 감동'이라는
목적은 근사하지만 추상적이다. 하지만 이를 '보여준다',
'체험하게 한다', '참여시킨다'로 바꾸는 순간 비로소 실행
가능한 전략이 된다. 모든 전략은 끝까지 추려내면 하나의
동사로 응축된다. 집약되지 않는 전략은 방향이 분산되어
있다는 증거다. "고객과 더 친밀해지기 위해 다양한
채널을 강화한다"라는 문장은 너무 길다. "머물게 한다",

"추천한다", "치운다"처럼 짧고 직관적이어야 한다.

경계넘기는 이 질문에서 시작된다.

"당신은 지금 어떤 동사를 붙잡고 있는가?"

핵심 동사를 찾았다면 그 동사가 품고 있는 경계를 들여다볼 차례다. 모든 동사에는 가장 먼저 떠오르는 익숙한 연결고리가 있다. '파괴한다'는 물리적 힘을, '치운다'는 버리는 행위를, '체험한다'는 특정 장소에 가보는 활동을 연상시킨다. 하지만 이 일차적인 연상이 항상 최선의 전략이 되지는 않는다. 비용, 시간, 물리적 제약이라는 벽이 존재하기 때문이다.

이때 필요한 것이 동사의 의미 스펙트럼을 넓히는 작업이다. 하나의 동사도 층위를 바꾸면 전혀 다른 가능성이 열린다. 이를 시각화한 것이 **의미 확장 다이어그램**이다. 연못에 던진 돌이 물결을 일으키듯, 동사의 의미도 직접적인 층위에서 추상적인 층위로 넓어진다. '체험하다'를 예로 들어보자.

1차 확장은 물리적 의미다. '가다', '보다', '만지다', '마주하다'. 체험이라고 하면 가장 먼저 떠오르는 행동이다. 2차 확장은 시간적 의미다. 체험은 한 번으로

| 의미 확장 다이어그램 |

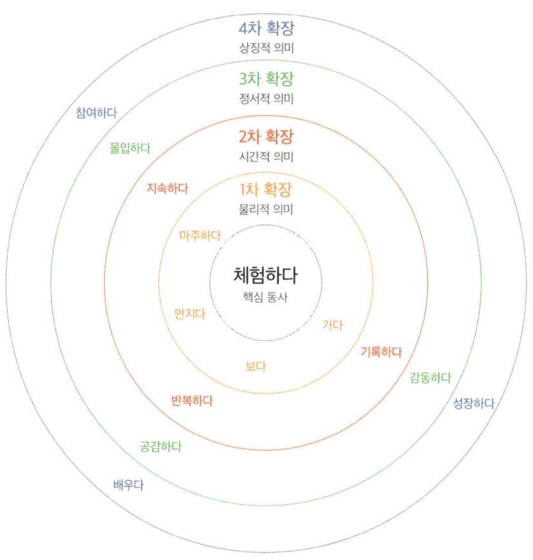

끝나지 않고 반복되거나 축적된다. '기록하다', '반복하다',
'지속하다'와 같은 동사가 여기에 놓인다. 3차 확장은
정서적 의미다. 행위가 내면에 영향을 주는 순간이다.
'체험하다'는 이 단계에서 '감동하다', '공감하다',
'몰입하다', '느끼다'로 확장된다. 4차 확장은 상징적
의미다. 정서를 넘어 철학적, 사회적 차원으로 연결된다.
'성장하다', '배우다', '참여하다'와 같이 개인적 경험이

더 큰 사회적 가치를 담게 된다. 다이어그램이 완성되면, 이를 바탕으로 경험의 질을 바꾸는 경계 넘기의 방향을 설정해야 한다.

삼성전자는 버려지는 가전 포장재를 가구로 재탄생시킨 프로젝트를 통해, 기존의 '버리다'라는 동사를 '만들다'로 이동시켰다. 이처럼 동일한 층위 내에서 동사를 바꿈으로써 경험의 정의를 완전히 달리하는 것, 이것이 바로 **수평적 경계넘기**다.

반면 다니엘 아샴은 '파괴하다'라는 동사는 유지한 채 그것이 작동하는 차원을 바꿨다. 부수고 깨뜨리는 물리적 파괴에서 풍화되고 침식되는 시간적 파괴로 전환한 것이다. 동사는 같은데 차원이 달라지자 작품이 품는 세계가 바뀌었다. 이처럼 층위 자체를 뛰어넘는 것이 **수직적 경계넘기**다.

두 방법은 조합할 수 있다. 수직적으로 차원을 넘은 뒤 수평적으로 동사를 이동할 수도 있다. 동사의 미세한 이동 하나가 대상을 둘러싼 질서를 바꾸고 해결 불가능해 보이던 문제를 해결한다. 경계넘기는 경험의 구조를 바꾼다. 동사의 규칙이 전환되는 순간 소비자는 "이런 방식도 가능하구나"라는 새로운 인식에 도달한다. 하지만 인식의 전환만으로는 충분하지 않다. 소비자가 그 경험을

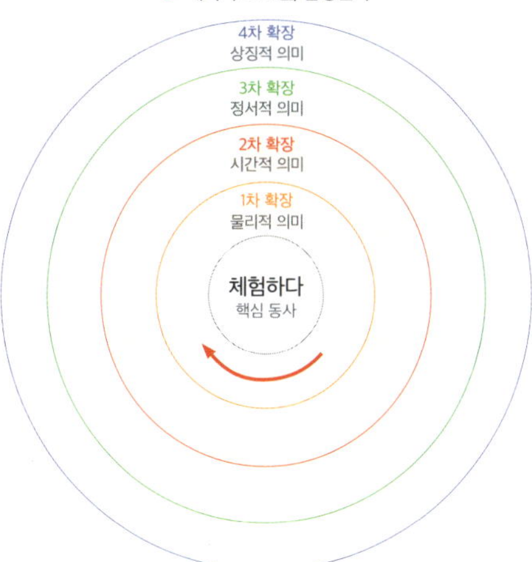

| 수평적 경계넘기 |
데이비드 보웬, 삼성전자
4차 확장
상징적 의미
3차 확장
정서적 의미
2차 확장
시간적 의미
1차 확장
물리적 의미
체험하다
핵심 동사

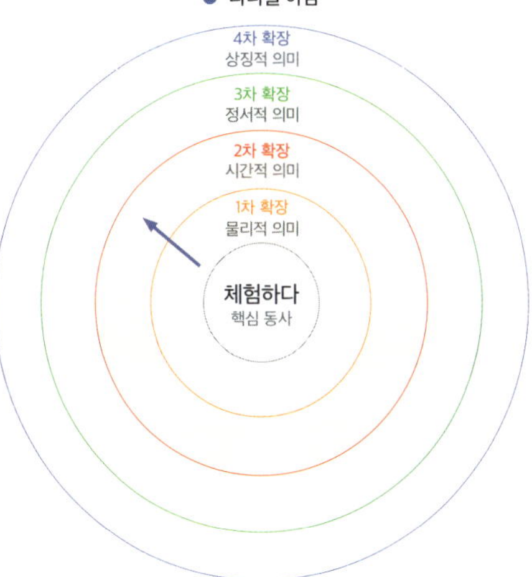

| 수직적 경계넘기 |
다니엘 아샴
4차 확장
상징적 의미
3차 확장
정서적 의미
2차 확장
시간적 의미
1차 확장
물리적 의미
체험하다
핵심 동사

자기 이야기로 받아들이고 기억에 새기려면, 규칙이
아니라 정서가 움직여야 한다.

논리보다
정서가 먼저 닿는다

수천 년이 흐르는 동안 신화는 사라지지 않았다. 신화의
무대는 비현실적이지만 그 속에 흐르는 정서는 삶과
닿아 있다. 인간을 위해 불을 훔치고 영겁의 형벌을
받은 프로메테우스의 이야기는 일상에서 마주하는
숭고한 희생을 떠올리게 한다. 그 순간 신화는 단순한
옛이야기를 넘어 자신의 감정과 기억이 투영되는 장면으로
변한다. 신화가 시대와 문화를 초월해 생존한 비결은 그
안에 흐르는 정서가 인간의 보편적인 감정과 공명하기
때문이다.

브랜드 메시지도 같은 방식으로 작동한다. 어떤
문장이나 장면은 유난히 오래 남고 일상의 찰나에 불쑥
떠오르며 쉽게 잊히지 않는다. 메시지의 논리가 아닌
정서에 먼저 물들기 때문이다. 브랜드의 정서가 소비자의
내면으로 번져가는 과정을 통해 틈을 만드는 전략을

르네 앙투안 우아스
〈미네르바와 주피터의 승리 Story of
Minerva - Minerva and the Triumph of Jupiter 〉

신화적 장면 안에서도 질투,
두려움, 승리의 욕망은 낯설지
않다. 수천 년 전 그림이 지금도
읽히는 이유가 여기에 있다.

물들이기라 부른다. 브랜드가 던진 정서의 파동이 소비자의 기저에 흐르는 감정과 맞닿을 때, 그 자리에 강력한 유대감이 들어선다.

물들이기를 이해하려면, 우리가 왜 타인의 이야기나 브랜드의 메시지를 자신의 경험처럼 느끼는지 그 기제부터 짚어야 한다. 어떤 메시지는 오래 남고 어떤 메시지는 스쳐 지나간다. 정보의 양이나 논리의 정교함 때문이 아니다. 우리는 타인의 고통을 보면 나도 모르게 얼굴이 굳고, 누군가 달리는 장면을 보면 근육이 미세하게 반응한다. 거울 신경세포Mirror Neurons가 작동하기 때문이다. 인간은 관찰하는 것만으로도 직접 경험하는 것처럼 느끼도록 설계되어 있다. 그 느낌이 깊어지면 비로소 추론이 시작된다.

"저 사람은 왜 저런 선택을 했을까."

이야기 속 인물의 내면으로 걸어 들어가는 순간 이미 그 서사에 절반쯤 물들어 있다. 몰입이 일어나면 판단은 잠시 멈춘다. 드라마 속 악역 배우를 현실에서도 미워하게 되는 현상은 이야기가 현실 지각에 강력하게 개입하고 있다는 사실을 보여준다. 그 메시지가 '나'와 연결되는 순간 기억은 비약적으로 강해진다. 소란스러운 공간에서도 내 이름은 또렷이 들리듯, 나와 닿아 있는 메시지는 뇌가 본능적으로 붙잡는다. 물들이기는 이 흐름 위에서 작동한다. 느끼고, 추론하고, 몰입하고, 자신과 연결되는 그 경로가 열릴 때 브랜드의 메시지는 정보가 아니라 경험이 된다. 경험이 된 메시지는 구태여 설득하려 들지 않는다. 소비자도 스스로 그 브랜드를 자신의 이야기로 받아들인다.

질문은 여기서 시작된다. 어떻게 하면 그 틈을 의도적으로 열 수 있을까. 신화처럼 장대한 서사를 오늘날의 브랜드 메시지에 그대로 옮겨오기는 어렵다. 매체 환경은 단편적이고 소비자의 주의는 짧으며 정보는 무한히 쏟아진다. 메시지가 살아남으려면 짧고 응축된 방식으로 정서를 건드리는 정교한 설계가 필요하다.

로만 온닥,
키를 재는 것만으로 우주를 측정한 예술가

언제, 어디서 키를 잴까? 보통은 건강 상태를 확인하거나, 자라나는 아이의 성장을 기록하기 위해서다. 어떤 경우든

키 재기는 신체의 수치를 확인하는 지극히 기능적인
행위에 그친다.

2007년 로만 온닥Roman Ondák은 이 평범한 관습을
전시장 안으로 옮겨왔다. 독일 뮌헨의 현대미술관
피나코테크 데어 모데르네에서 열린 전시의 제목은
⟨Measuring the Universe(우주를 측정하다)⟩였다. 관람객은
안내를 받아 벽 앞에 서고 직원이 펠트펜으로 키를 표시한
뒤 이름과 날짜를 적는다. 보건소에서나 볼 법한 이 행위는
전시장이라는 공간을 만나는 순간 전혀 다른 차원의
의미로 변환된다.

온닥은 이 작업의 원리를 이렇게 설명했다.

"아이들의 키를 기록하는 가정적 관습을 공적인 사건으로
전환하려 했다. (…) 이 사람들의 집합이 무엇을
의미하는지를 시각화하려는 과정에서 전시 공간은 '지금
여기'의 일종의 그릇처럼 기능한다."

온닥이 먼저 포착한 것은 정서였다. 내 흔적을
세상에 남기고 싶다는 충동은 인간의 본능이다.
여행지의 방명록이나 SNS의 기록 역시 "나는 여기
존재했다"라고 외치는 실존의 몸짓이다. 온닥은 이 존재

로만 온닥
〈Measuring the Universe〉
아무것도 없던 하얀 벽이 수천 개의 이름과 선으로 뒤덮여 간다. 멀리서 보면 은하수처럼 보인다는 사실을 이 이미지가 직접 증명한다. QR을 스캔하면 MoMA 공식 전시 자료를 확인할 수 있다.

증명이라는 정서의 은유로 '우주'를 선택했다. 별 하나는 독보적이지만, 광활한 우주 속에서는 무수한 점 중 하나가 된다. 이 대비는 "나는 특별하다"는 감각과 "나는 사소하다"는 감각 사이에서 요동치는 인간의 자아 인식과 정확히 맞닿아 있다. 그의 과제는 분명했다.

관람객 한 사람의 고유성을 보존하면서도, 그것들이 모여 어떻게 집단적 형상을 만들어내게 할 것인가.

온닥이 선택한 도구는 누구나 가진 표식인 '키와

이름'이었다. 참여의 문턱을 극단적으로 낮추는 동시에 수많은 선이 겹치며 전시장 전체가 하나의 은하로 변하도록 설계한 것이다.

처음에는 하얀 벽 위에 띄엄띄엄 흩어져 있던 흔적들이 시간이 흐르며 점차 밀집되기 시작했다. 수천 개의 선이 겹치자 평균 키가 모이는 지점에 두터운 검은 띠가 형성되었다. 전시가 끝날 무렵, 벽은 수많은 이름과 선이 촘촘히 겹친 거대한 드로잉으로 변모했다. 멀리서 보면 은하수가 가로지르는 광활한 우주의 형상이다. 이 결말은 미리 정해진 것이 아니다. 어느 도시에, 어떤 사람들이 모이느냐에 따라 벽의 풍경은 달라진다. 뮌헨에서의 벽과 뉴욕에서의 벽은 서로 다른 우주인 셈이다. 온닥이 말한 대로 작품의 모든 재연은 주어진 건축적, 문화적 조건에 따라 예측할 수 없는 결말을 가져온다.

키 재기는 온닥이 설계한 최종 장치였다. 그 이면에는 개개인은 사실 유일무이한 가치를 지닌 존재라는 묵직한 메시지가 있다. 하지만 이 메시지는 너무나 추상적이고 거대하다. 전시장에서 아무리 힘주어 선언한다 한들 관람객이 곧장 자신의 이야기로 받아들이기는 어렵다. "우리 브랜드는 멋지고 대단해"라고 무작정 외쳐도

가닿지 않는 일방적인 브랜딩과도 닮아 있다. 온닥은
이 무거운 철학을 존재를 증명하고 싶어 하는 보편적
정서로 번역했다. 철학을 설득하는 대신, 사람들 안에
이미 존재하는 감정의 층위 위에 자신의 메시지를 맞닿게
한 것이다. 그렇게 특별함과 사소함은 개념이 아니라
우주라는 은유 속에서 직접 체감되는 구조가 된다.

개인의 데이터가 작품의 재료가 되는 순간 관람객은
공동 창작자가 된다. 선 하나를 남겼을 뿐이지만, 그것은
작품이 형성되는 과정에 자신이 깊숙이 개입했다는 실존적
증거다. 작품은 더 이상 작가만의 것이 아니다. 나의
흔적이 새겨진 나의 이야기가 된다. 시간이 흘러 누군가
이 작품을 언급할 때 참여한 관람객은 단순히 "나도 그
전시에 갔었어"라고 말하지 않을 것이다. "그 작품 안에는
내 이름과 내가 남긴 선이 있어"라고 말할 것이다. 그것은
참여의 기억이다.

이것이 물들이기가 만드는 틈이다. 참여의 순간에
느낀 감정과 상황은 제각각 다르지만, 그 정서적 기억은
저마다의 내면에 또렷이 남는다. 우리 개개인은 모두
유일무이한 존재다라는 선언은 어디에도 적혀 있지
않았으나, 선 하나를 남기는 행위 속에 이미 깊이 새겨져
있다.

이 구조는 브랜드 메시지에서도 동일하게 작동한다. 이를 가장 선명하게 증명하는 사례가 유니클로의 〈Hug to Unlock(허그 투 언락)〉 캠페인이다.

유니클로,
포옹해야 열리는 자판기

유니클로는 라이프웨어라는 철학을 내세워 누구나 입을 수 있는 일상의 옷을 만든다. 이들의 경쟁력은 화려한 디자인이나 파격적인 가격이 아니다. 생활 속의 편안함과 압도적인 기능을 하나로 아우르는 지점에 유니클로만의 독보적인 위치가 있다.

그 대표 주자는 단연 히트텍이다. 2003년 섬유 기업 도레이와 협업해 탄생한 이 제품은 땀의 수분을 흡수해 발열로 전환한다. 얇고 가볍지만 확실한 온기를 제공하는 히트텍은 두껍고 불편한 내의의 대안이 되며 매년 겨울 전 세계적인 스테디셀러로 자리 잡았다. 히트텍은 체온을 유지해주는 발열 내의, 그러니까 기능성 상품이다. 하지만 유니클로의 〈Hug to Unlock〉 캠페인은 이 기능적 정의를 넘어 인간이라면 누구나 공감할 보편적 정서를 건드리는 데서 출발한다. 그 핵심 감정은 바로 따뜻함이다. 여기서 말하는 따뜻함은 단순히 물리적인 온도 유지를 의미하지 않는다. 추운 겨울 보호받고 싶다는 본능, 소중한 이의 손을 잡을 때 전해지는 온기, 외로운 순간 곁을 내어주는 존재로부터 얻는 위안 같은 유대감의 정서다. 그러나 "따뜻함을 전합니다"라는 문장만으로는 마음을 전하기 어렵다. 소비자는 브랜드의 추상적인 주장을 곧장 자기 이야기로 받아들이지 않는다. 유니클로는 따뜻함을 체감할 수 있는 은유가 필요했다. 이들이 선택한 은유는 포옹이었다. 포옹은 물리적 보온과 정서적 교감을 동시에 상징하는 완벽한 몸짓이다.

2024년 겨울, 유니클로는 파리 5구 콩트르스카르프 광장에 특별한 자판기 하나를 설치했다. 돈도 카드도 통하지 않는 자판기를 열 수 있는 방법은 단 하나, 두 사람이 서로 포옹하는 것이었다. 지나가던 연인과 가족은 물론 낯선 이들까지 서로를 끌어안으며 자판기 앞에 섰다. 포옹이 깊어질수록 화면 속 게이지가 차오르고, 마침내 자판기가 열리며 히트텍이 선물처럼 내려왔다.

포옹을 나눈 이들에게 히트텍은 더 이상 단순한 발열 내의가 아니었다. 그것은 다정한 포옹의 결과물이자, 그날의 온기를 간직한 경험의 기념품이 되었다. 히트텍의

두 사람이 포옹할수록 화면 속 게이지가 차오른다. 자판기가 열리는 순간, 히트텍은 온기의 증거가 된다.

기능은 변함없지만, 그 안에는 이제 개인의 정서가
스며들어 있다. 상품은 기능을 넘어 정서로 확장되었고,
메시지는 소비자의 몸짓을 통해 체화되었다. 물들이기가
갭 디자인으로 완성되는 순간이다. 논리로 설득하지 않고,
정서의 파동을 일으켜 고객 스스로 브랜드의 빈틈을
자신의 온기로 채우게 만드는 것. 유니클로는 포옹이라는
행위를 통해 라이프웨어라는 철학을 고객의 피부 위에
직접 배달했다.

정서에서 시작해
참여로 완성된다

물들이기는 우연히 일어나는 감정적 반응이 아니다.
메시지가 개인의 삶 속으로 스며들어 기억이 되기까지는
분명한 구조와 순서가 있다.

정서에 닿고,

구체적 이미지로 응축되며,

참여하는 경험으로 전환되는 것.

이 세 단계가 맞물릴 때 소비자는 메시지를 이해하는 것을 넘어 자기 경험으로 온전히 받아들인다.

모든 상품과 메시지에는 연결된 감정의 결이 있다. 러닝화를 예로 들어보자. 우리는 러닝화를 가볍다라는 기능으로만 기억하지 않는다. 그 가벼움이 발걸음을 자유롭게 만들고 달릴 때 느끼는 해방감을 가능하게 했다는 정서적 경험으로 기억한다. 호텔 역시 고급 시설이라는 조건은 금세 잊히지만, 아침 햇살이 비치는 창가에서 느낀 안도감은 오래 남는다. 정서는 삶의 한 장면으로 각인되기 때문이다. 우리는 상품의 기능이 아니라 그 기능이 열어준 정서를 기억한다. 이 지점에서 메시지의 성패가 갈린다. 아무리 세련된 언어로 포장해도 기능적 설명에 머무르면 금세 흩어진다. 그 기능이 불러일으키는 정서를 누구나 이해할 수 있는 차원으로 전환하는 순간 다른 힘을 갖는다.

물들이기의 첫 단계는 메시지에서 보편적 정서를 추출하는 일이다. 기능이 불러일으키는 감정을 추상적 단어에서 구체적 층위로 전환해야 한다.

"이 상품은 어떤 감정을 가능하게 하는가?"
"이 기능이 궁극적으로 어떤 정서를 건드리는가?"

"이 메시지는 어떤 감정과 닿아 있는가?"

중요한 것은 '활력', '안도', '희망', '돌봄'처럼 누구나 공명할 수 있는 넓은 정서에서 출발해야 한다는 점이다. 출발점이 넓어야 누구든 저항 없이 메시지에 물들 수 있다.

하지만 정서는 눈에 보이지도, 손에 잡히지도 않는다. 메시지가 오래 남으려면 보고 느끼고 이해할 수 있는 상징, 즉 '은유'가 필요하다. 은유는 추상적인 정서를 구체적인 장면과 행위로 바꾼다. 설명하기 어려운 감정을 누구나 떠올릴 수 있는 사물이나 이미지에 빗대는 다리 역할을 한다. '안정감'을 단순히 편안하다고 말하는 대신 '버팀목'이라 부를 때, '정성 어린 돌봄'을 '어부바'라는 이미지로 치환할 때 정서는 단숨에 실재감을 얻는다.

은유는 마음을 움직이지만 행동이 개입되지 않으면 기억에 뿌리 내리지 못한다. 물들이기의 마지막 단계는 참여의 경험으로 완성된다. 희망이라는 은유는 머릿속에 머물지만, '불을 켠다', '문을 연다', '새싹을 심는다'는 당장 실행할 수 있다. 유니클로는 따뜻함이라는 은유를 포옹이라는 행동으로 연결했고, 온닥은 우주라는 은유를 키를 재고 이름을 남기는 참여로 전환했다.

성공적인 참여를 설계하기 위해서는 다음 세 가지

조건이 필수적이다.

> **낮은 진입 장벽**: 누구나 지금 여기에서 망설임 없이 행동할 수 있어야 한다. (예: 줄 서기, 메모 붙이기, 불 켜기)
>
> **공유와 증폭**: 개인적 만족에 머물지 않고 타인과 연결되고 기록되어야 한다. (예: 온닥의 은하수 드로잉, 유니클로의 포옹 영상)
>
> **장소적 맥락**: 행위에 의미를 부여하는 특수한 공간적 배경이 필요하다. (예: 미술관의 하얀 벽)

물들이기의 본질은 메시지를 전달하는 것에 있지 않다. 소비자가 스스로 그 메시지에 물드는 경험을 설계하는 데 있다. 정서에 닿고, 은유로 응축되고, 참여로 체화될 때 브랜드는 소비자의 기억 속에 지워지지 않는 색으로 남는다. 그것은 해당 브랜드만의 탁월한 틈이 되어, 고객 개개인의 의미 부여와 매력이 투영된 강렬한 각인으로 완성된다.

경계넘기는 규칙을 전환해 경험의 틀을 바꾸고,

물들이기는 정서를 통해 소비자의 내면으로 스며든다. 방법은 다르지만 겨냥하는 지점은 같다. 소비자가 관찰자에 머무르지 않고 스스로 의미를 만들고 기억을 새기는 경험의 주체가 되도록 설계하는 것이다.

데이비드 보웬

데이비드 보웬은 미국 미네소타 덜루스에 있는 미네소타대학교에서 조각·피지컬 컴퓨팅을 가르치는 미디어 아티스트이자 교수다. 로봇, 센서, 원격 데이터 같은 기술을 이용해 "보이지 않는 힘"을 조각과 설치의 움직임으로 드러내는 작업을 이어오고 있다.

〈tele-present wind〉 연작은 바람 데이터를 일종의 재료로 쓰는 대표적인 예다. 야외에 설치한 센서가 감지한 바람의 움직임이 실시간으로 갤러리 안 126개의 기계 장치와 마른 풀대를 흔든다. 이 과정에서 한 공간의 기후가 다른 공간의 풍경을 물리적으로 재구성한다. 최근에는 NASA 탐사선과 로버가 축적한 화성의 바람 데이터를 활용하여 지구 전시장 안에서 다른 행성의 기후를 체감하는 경험으로 세계관을 확장했다.

다니엘 아샴

다니엘 아샴에게 '파괴'는 관념이 아닌 몸으로 각인된 경험이었다. 열두 살 되던 해, 허리케인 앤드루Hurricane Andrew로 인해 견고하던 도시의 질서가 잔해로 변하는 광경을 목격했다. 이 사건은 그에게 지워지지 않는 문신처럼 새겨졌다.

아샴은 당시를 회상하며 "자연의 힘 앞에서 문명이 얼마나 쉽게 무너지는지 보았다"고 말했다. 인공물은 언젠가 파괴되고 사라진다는 통찰은 그를 현재의 사물이 먼 미래에 어떤 유물로 남을지 상상하게 만들었다. 그의 조형 언어는 건물을 해체하고 절단하는 건축가 고든 마타클락Gordon Matta-Clark의 영향으로 더욱 정교해졌다. 건물 내부를 노출하거나 집을 반으로 쪼개어 일상적 공간을 낯설게 만드는 마타클락의 방식은, 해체가 곧 창조가 될 수 있다는 영감을 주었다. 자연의 파괴적 힘, 해체를 통한 창조, 질감에 집중하는 표현 방식이 맞물려 아샴만의 독보적인 세계관이 완성된 것이다. 현재의 물건을 미래에 발굴된 유물로 제시하는 〈Fictional Archaeology〉 시리즈는 그의 철학을 상징하는 정점이다.

로만 온닥

슬로바키아 출신의 로만 온닥은 예술과 일상의 경계를 최소한의 장치로 허무는 예술가다. 줄 서기, 걷기, 키 재기처럼 무의식적인 행동을 미술관 안으로 끌어들여 작품의 구조로 치환하는 것이 그의 특징이다.

대표작 〈Measuring the Universe〉에서 관람객은 하얀 벽 앞에 서서 자신의 키와 이름, 날짜를 남긴다. 이 사소한 반복이 축적되어 평균 키 높이의 검은 띠를 형성하고, 개인의 흔적은 거대한 우주의 도면으로 변모한다. 온닥은 "나는 여기 있었다"는 사적인 기록이 집단의 데이터이자 풍경이 되는 극적인 순간을 포착한다.

4

기억에 남기는 법

드러내기와 잘라내기

비슷한 품질, 비슷한 가격, 비슷한 메시지. 조건이 엇비슷한
수많은 브랜드 가운데 유독 기억에 박히는 것들이 있다.
무엇이 이 격차를 만드는가. 답은 두 방향에서 온다.
하나는 감춰진 것을 꺼내 보이는 일이고, 다른 하나는
보이는 것을 과감히 덜어내는 일이다.

희소함이 아니라
고유함이 퍼진다

인간은 자신의 고유함과 존재감을 드러내고 싶어 한다.
범위의 차이만 있을 뿐, 누구에게나 내재된 욕구다.
드러내기가 만드는 틈이 강력한 확산을 일으키는 이유는,
그 틈이 개개인의 정체성을 투영하고 전달하는 운반체가
되기 때문이다.

이 지점을 뒷받침하는 개념이 **사회적 통화**Social
Currency다. 펜실베이니아대학교 와튼스쿨의 조나 버거Jonah
Berger 교수는 《컨테이저스 전략적 입소문》에서 사람들이
정보를 공유하는 이유를 친절이 아닌 자기 가치를 높이기
위한 교환 행위로 설명했다. 우리는 남들에게 똑똑해
보이고, 앞서 나가 보이고, 알 만한 걸 아는 사람처럼

보이고 싶어서 이야기를 선별한다. 공유하는 콘텐츠는 곧 사용하는 화폐이며, 자랑할 수 있는 정보가 많을수록 사회적 통화의 잔고는 풍부해진다.

사회적 통화의 가치는 현실 경제와 마찬가지로 희소성에 의해 결정된다. 누구나 아는 정보는 화폐로서 가치가 낮다. 반면 아무나 경험할 수 없거나 쉽게 흉내 낼 수 없는 것은 발행량이 적고 수요가 높다. 사람들은 희소한 경험을 손에 넣었을 때 이를 공유하며 자신의 가치를 증명하려 한다.

입소문의 원리도 희소성을 어떻게 설계하느냐의 문제다. 조나 버거가 제시한 두 개념, **내부자 의식**과 **내적 비범성**은 뒤에 살펴볼 워들Wordle과 클럽하우스clubhouse의 대비를 이해하는 결정적 단서다. 내부자 의식은 일부만 접근할 수 있는 정보나 경험에서 발생한다. 뉴욕의 바 PDTPlease Don't Tell가 대표적이다. 이스트 빌리지의 핫도그 가게 안, 낡은 공중전화 부스에서 특정 번호를 누르면 숨겨진 뒷벽이 열리며 은밀한 바가 나타난다. 단순히 주소를 아는 것보다 들어가는 방법을 안다는 사실 자체가 사회적 통화가 된다. 접근의 희소성을 설계한 갭 디자인이다. 물론 초대장이나 물리적 공간 같은 자원은 거대 자본을 필요로 하며, 대중화되는 순간 희소성이 사라진다. 소셜 오디오 앱 클럽하우스가 초기에 폭발했다가 빠르게 식은 이유도 내부자 의식에 과도하게 의존했기 때문이다.

내적 비범성은 다른 방향의 희소성을 만든다. 단순히 아느냐 모르느냐의 문제를 넘어, 같은 것을 경험하더라도 얼마나 다르게 보이느냐에 집중한다.

뉴욕의 바 PDT의 로고
자신의 꼬리를 문 뱀 우로보로스가 문자를 감싸고 있는 형상은 외부와 차단된 채 내부자들끼리만 공유하는 은밀한 결속과 희소성을 상징한다.

남들과 다른 관점, 고유한 해석, 개별적 사고 경로가 드러날 때 사회적 통화의 액면가는 올라간다. 화폐의 수량을 줄이는 것이 아닌 한 장의 가치를 끌어올리는 방식이다.

드러내기가 작동하는 핵심은 기회의 희소성에 머물지 않고 사용자가 그 안에서 고유한 흔적을 남길 수 있는 틈을 제공하는 데 있다. 이 틈을 통해 사용자는 자신의 비범함을 증명하는 고유한 주체가 된다. 메시지나 상품이 소비자에게 스스로의 위상을 증명할 근거를 제공할 때 공유는 유도하지 않아도 일어난다.

워들,
정답보다 사고방식이 퍼졌다

워들은 드러내기가 어떻게 브랜드의 틈을 설계하는지
보여주는 결정적 사례다. 이 퍼즐 게임은 소프트웨어
엔지니어 조시 워들 Josh Wardle 이 연인에게 선물하기
위해 만든 개인 프로젝트에서 출발했다. 초창기 하루
평균 사용자는 2021년 11월 기준 약 90명에 불과했지만
입소문이 시작되자 상황은 달라졌다. 두 달 남짓한 사이에
이용자는 수십만 명을 넘어섰고, 이후에는 수백만 명이
매일 접속할 만큼 성장했다. 광고나 홍보 없이 오직
사용자의 자발적 공유로만 이뤄낸 성과였다. 그 가치를
인정받아 2022년 초《뉴욕 타임스》에 인수된 이후에도
여전히 탄탄한 팬덤을 유지하고 있다.

구조만 놓고 보면 단순하다. 다섯 글자의 영어 단어
하나를 맞추는 게임이다. 기회는 총 여섯 번이다. 글자와
위치가 모두 맞으면 초록색, 글자는 맞지만 위치가 다르면
노란색, 단어에 포함되지 않으면 회색으로 표시된다.
플레이어는 오직 이 색의 변화만을 단서 삼아 정답을
추론한다. 유사한 게임이 넘쳐남에도 워들이 팬덤을 만든
비결은 참여의 기회를 의도적으로 제한해 경험의 희소성을

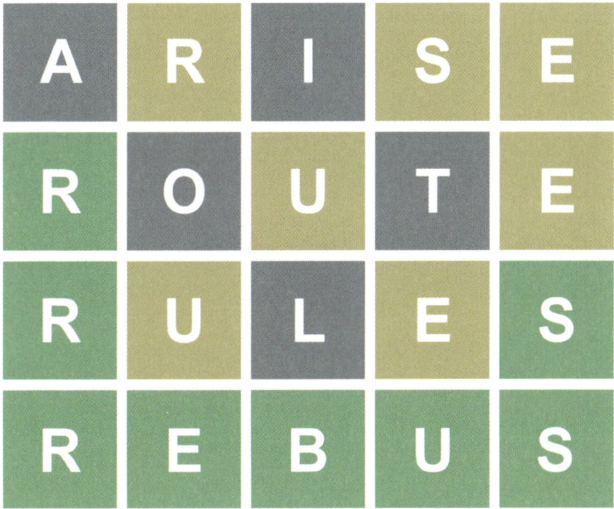

초록, 노랑, 회색 타일이
배열된 결과 화면 하나가 전부다.
이것으로 각자의 사고 경로를
공유할 수 있다는 것이
워들의 설계다.

끌어올린 데 있다. 워들은 하루에 단 한 번만 플레이할 수 있다. 시간이 많다고 더 즐길 수 있는 것도 아니고, 비용을 지불한다고 추가 기회가 열리지도 않는다. 전 세계 모든 사용자가 '하루 한 번'이라는 공평한 조건 아래 놓인다. 오늘의 단어를 놓치면 그날의 기회는 소멸한다. 언제든 할 수 있는 일은 쉽게 미뤄지고 가볍게 소비되지만 지금이 아니면 소멸한다는 제약은 참여의 밀도를 완전히 바꾸게 된다.

워들의 진짜 정수는 그다음 설계에 있다. 전 세계 사용자가 같은 날, 같은 단어를 맞혀야 하는 동일한 출발선을 제공하되, 정답에 도달하는 과정만큼은 철저히 개별적으로 드러나게 만든 것이다. 사용자는 각자의 직관과 감정에 따라 첫 단어를 던진다. 출발이 다르니 시스템이 돌려주는 힌트의 배열도 제각각이다. 어떤 추론을 거쳐 정답으로 향하는지는 사람마다 다르며, 이 연결 방식은 사용자의 사고 문법을 보여주는 일종의 지문이 된다. 여섯 번의 기회 속에는 사용자의 어휘력, 관심사, 사고 습관, 심지어 그날의 기분까지 투명하게 드러난다. 이 구조 덕분에 워들은 일부 실력자만 돋보이는 경쟁의 장이 되지 않는다. 대화의 초점은 정답이 무엇인가라는 결과에서 나는 이렇게 도달했다는 과정으로 이동한다. 정답을 가린 채 색깔 블록만 나열한 격자 이미지는 결과보다 과정의 고유함을 보여주는 사고의 지도다.

결국 워들의 확산은 사고의 차이가 시각적으로 노출되는 구조가 만들어낸 드러내기의 승리다. 사람들은 결과보다 자신이 고민한 사고의 경로를 공유하며 즐거워한다. 공유하는 콘텐츠는 곧 자신을 나타내는 화폐이며, 이 격자 문양은 타인과 소통할 수 있는 가장 세련된 사회적 통화가 된다.

클럽하우스,
문턱만 높이고 틈은 만들지 못했다

워들과 같은 방식으로 참여를 제한하며 한때 신드롬을 일으켰지만, 다른 결말을 맞이한 플랫폼이 있다. 음성 기반 소셜 네트워크 클럽하우스다. 초기 클럽하우스는 기존 사용자의 초대장이 있어야만 진입할 수 있는 폐쇄적 구조를 택했다. 아무나 들어올 수 없다는 희소성은 강력한 선망을 자극하며 폭발적인 확산을 만들어냈다. 이러한 진입의 문턱은 단순히 서비스 이용 권한을 넘어, 그 안에

속했다는 사실만으로 특별한 지위를 부여하는 기제로
작동했다.

선택받은 사람이라는 감각은 플랫폼 진입 자체를
하나의 정체성으로 치환했다. 실리콘밸리의 투자자,
창업가, 각 분야 전문가들이 대거 참여하면서 기대치는
정점으로 치솟았다. 발언권이 주어지거나 모더레이터가
되는 순간 사용자는 이 폐쇄적 공간 안에서 자신의
존재감을 증명받는 듯한 착각에 빠졌다. 이 요소는 초기에
강력한 확산 동력으로 작동했다. 사람들은 클럽하우스를
사용했다기보다 그 안에 속해 있다는 사실 자체를
공유했다. 초대장은 중고 거래 사이트에서 수십 달러에서
수백 달러에 거래될 만큼 희소한 입장권이었다. 확산
지표만 놓고 보면 성공이었다.

그러나 그 성공이 곧 한계를 노출했다. 사용자가
늘어나며 초대장은 더 이상 희소하지 않게 되었고, 문제는
그 지점에서 발생했다. 클럽하우스에는 사용자가 각자의
방식으로 자신을 드러낼 수 있는 틈이 부재했다. 플랫폼이
제공한 가치는 '엘리트 서클에 속해 있다'는 일시적인
소속감이 전부였기 때문이다. 이 정체성은 초대장이라는
인위적 장벽과 몇몇 유명 인사의 후광 위에 위태롭게 서
있었다. 워들과 대비되는 결정적 지점이 여기다. 워들의

수천 개의 라이브 룸이 열려 있지만, 어느 방에 들어가도 내 말이
어떻게 기억될지는 알 수 없다. 접근의 희소성은 있었지만,
나를 드러낼 자리는 없었다.

격자무늬가 한 사람의 추론과 직관이 담긴 사고의 지문이었다면, 클럽하우스는 개별적 고유함이 드러날 경로 없이 소속이라는 외피에만 의존했다. 문턱만 높였을 뿐 그 안에서 나다움을 증명할 장치가 없었다.

엘리트 서클이라는 신비감이 사라지자 사람들은 미련 없이 등을 돌렸다. 클럽하우스는 하나의 정체성 안에 사람들을 모으는 데는 성공했으나, 그 안에서 개인의 고유함이 피어나는 드러내기의 틈을 설계하지 못했다.

미스치프,
워홀 진품 1점을 위작 999점에 섞어버린 그룹

드러내기의 구조는 어떻게 설계할 수 있을까. 기회의 희소성을 넘어 사람들이 스스로의 판단과 기준을 드러내게 만드는 무대는 어떻게 만들어지는가. 미스치프MSCHF는 이 질문에 도발적이고 정교한 방식으로 답해왔다.

2016년 뉴욕 브루클린에서 결성된 미스치프는 이름 자체가 나쁜 짓이나 장난기를 뜻하는 만큼 상식과 틀을 뒤흔드는 작업으로 유명하다. 리더 가브리엘 웨일리Gabriel Whaley는 "우리는 세상이 정의할 수 없는 일을 하려 노력한다"고 밝혔다. 이들은 아트, 패션, 디지털 퍼포먼스를 넘나들며 정해진 구획을 무너뜨린다. 작품을 미술관 벽에 걸기보다 세상 한복판에 던지는 방식이다. 2주에 한 번, 정해진 시각에 웹사이트를 통해 한정 수량의 결과물을 내놓는데, 이를 **드롭**Drop이라 부른다. 신발이나 디지털 파일, 쓸모없어 보이는 오브제까지 이들의 드롭은 매번 기존의 경계를 무너뜨리는 대상들로 채워진다.

미스치프는《아트리뷰ArtReview》와의 인터뷰에서 이렇게 말했다.

> "유머는 진지한 방식이었다면 참여하지 못했을 주제에
> 사람들을 끌어들이는 강력한 도구다."

이들에게 도발은 참여를 이끌어내기 위한 초대장과 같았다. 이러한 철학을 선명하게 보여주는 프로젝트가 〈Museum of Forgeries(위작박물관)〉이다.

미스치프는 앤디 워홀의 1954년작 드로잉 〈Fairies(요정들)〉를 약 2만 달러에 구매했다. 이 작품은 요정들의 모습을 단순한 선으로 그려낸 워홀의 초기작으로, 고도의 기술이 집약되었다기보다 '워홀이 직접 그렸다'는 원본성이 가치의 핵심인 작품이다.

MUSEUM *of* FORGERIES

미스치프 ⟨Museum of Forgeries⟩
1,000장 중 어느 것이 진품인지 아무도 모른다.
그 불확실성 자체가 이 작품의 전부다.

미스치프는 이를 정밀 복제하여 999점의 위작을 만든 뒤 진품 1점을 섞었다. 자신들조차 진위를 알 수 없는 1,000점의 종이를 각각 250달러에 판매했고, 이는 순식간에 완판되었다.

미스치프의 홈페이지
홈페이지조차 하나의 수수께끼다. QR 코드를 스캔하는 순간 미스치프가 설계한 드롭의 세계로 접속할 수 있다.

이 사건의 핵심은 수익이 아니다. 미스치프가 기회의 희소성을 설계한 방식에 있다. 소유의 기회는 한 명에서 1,000명으로 늘어난 듯 보이지만 정반대다. 진품일 확률이 0.1퍼센트로 떨어지고 누구도 진위를 증명할 수 없게 되면서 진품임을 확신할 기회는 0에 수렴했다. 미스치프는 미술계가 미적 감각보다 진위 여부에만 매몰된 세태를 꼬집었다. 그들이 겨냥한 것은 미술계가 진위성을 다루는 방식 자체였다. 미스치프는 "작품을 물리적으로 건드리지 않았지만 파괴했다"고 선언했다.

기회의 수는 확장됐지만, 기회의 성격은 전복되었다. 구매자들은 복제를 통한 전복 자체가 원본성을 압도하는 사건이 되었다는 사실에 열광했다. 실제로 그들이 산 것은 도발적인 실험에 편입될 수 있는 자격이며, 경험하고 소유하며 해설할 수 있는 주체적인 위치다. 미스치프는

1,000장이라는 제한된 수량을 통해 희소성의 밀도를
유지하며 사용자를 관찰자에서 주체로 격상시켰다.

이 실험이 해프닝을 넘어선 이유는 구매자에게
날카로운 질문을 던졌기 때문이다.

“왜 나는 99.9퍼센트의 확률로 가짜일 이 종이를
선택했는가?”

구매자는 이 질문에 스스로 답하며 자신의 가치관을
증명해야 한다. 누군가는 예술 제도에 대한 비판으로,
누군가는 팝아트 정신의 현대적 계승으로 자신의 선택을
정의한다. 하나의 원본이 지닌 권위에 기댄 소유에서
벗어난 지적 활동이자 갭 디자인을 통한 틈의 구축이다.
이것이 미스치프를 통해 알 수 있는 드러내기의 본질이다.

단순히 작업물을 내놓는 행위를 넘어, 그 작업이 세상
어디에서 누구에 의해 읽힐지를 설계하는 것. 사용자가
자신의 비범함을 증명할 수 있는 틈을 제공하는 것. 이것이
미스치프가 추구하는 확산의 조건이다.

라코스테,
90년 된 악어를 스스로 지운 브랜드

미스치프의 사례는 기회의 희소성과 존재의 희소성이 결합했을 때 대중이 어떻게 반응하는지를 보여준다. 다만 한 가지 의문이 남는다.

“드러내기를 위해서는 반드시 이 정도의 전복이 필요한가?”

라코스테의 행보는 그 대안을 제시한다. 이들은 기존의 가치를 파괴하지 않고 사용자가 자신의 감각과 안목을 투영할 틈을 열어줌으로써 드러내기를 완성했다.

라코스테의 초록색 악어는 1933년 이후 브랜드 정체성을 상징해온 성역이다. 그러나 2018년, 라코스테는 악어를 지우고 그 자리에 멸종 위기 동물 10종의 자수를 새긴 'Save Our Species(멸종 위기 종을 구하라)' 컬렉션을 선보였다. 주목할 점은 기회의 희소성을 설계한 방식이다. 라코스테는 야생에 생존하는 동물의 개체 수와 셔츠 제작 수량을

라코스테 로고

정확히 일치시켰다. 바키타 돌고래 셔츠는 30장, 카카포 앵무새 셔츠는 157장만 생산했다. 첫 캠페인 당시 전 세계에 출시된 셔츠는 총 1,775장이었다. 멸종 위기종의 생존 숫자가 곧 구매 기회의 전부라는 사실이 시선을 집중시켰다. 이는 단순히 적게 팔겠다는 선언을 넘어, 동물의 생존 숫자가 곧 구매 기회의 전부라는 장벽을 구현한 것이다. 기회를 동물의 생존권과 동기화함으로써, 구매 행위는 소유를 넘어 자신이 지지하는 세계관을 드러내는 선언이 되었다. 이 전략은 스포츠에서도 반복되었다. 2023년 노박 조코비치Novak Djokovic가 메이저 대회 23회 우승을 달성했을 때 라코스테는 다시 악어를 지우고 그 자리에 고트GOAT, Greatest Of All Time를 상징하는 염소 로고를 새긴 재킷을 헌정했다. 악어의 자리에 다른 동물을 앉힌 결정은 상징의 포기가 아니라, 상징이 새롭게 해석될 수 있는 무대를 확장한 결과였다.

이 프로젝트의 동력은 셔츠를 손에 넣은 구매자가 그것을 입고 나설 때 완성된다. 악어 로고가 박힌 셔츠를 입은 사람은 라코스테의 소비자일 뿐이지만, 왼쪽 가슴에 낯선 동물을 달고 있는 이는 주변의 시선을 멈춰 세우는 화자가 된다. 분명 라코스테인데 익숙한 상징이 어긋나 있는 지점, 이 어색함이 대화의 물꼬를 튼다. 착용자는

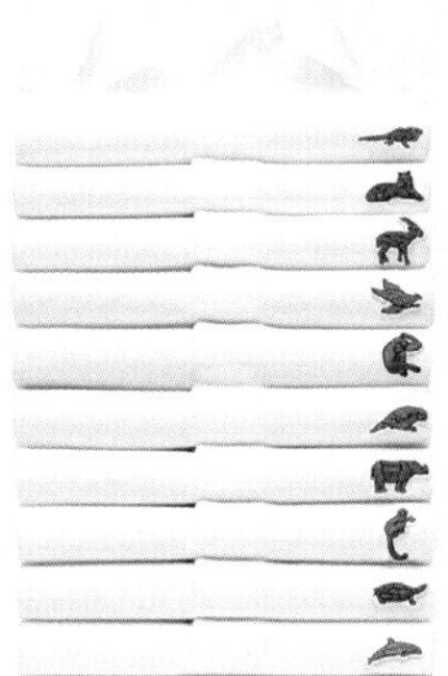

왼쪽 가슴에 악어가 없다. 라코스테의
악어가 자취를 감췄다는 파격, 그리고 멸종
위기종의 절박한 생존 숫자가 곧 구매할
기회의 전부라는 사실은 대중의 시선을
강하게 집중시켰다.

브랜드가 비워준 상징의 자리에 자신의 생각과 언어를 채워 넣는다. 누군가는 환경 보호에 동참하는 시민으로서 자신을 증명하고, 누군가는 생소한 동물의 아름다움에 매료된 취향을 드러낸다. 한정판에 주목하는 컬렉터의 욕망이나 조코비치의 역사적 순간을 공유하는 목격자의 자부심이 투영되기도 한다.

브랜드가 정해준 정답을 소비하는 방식에서 벗어나, 사용자 각자가 자신만의 틈을 채워가는 과정. 이것이 드러내기를 통한 갭 디자인이 작동하는 방식이다.

무대보다
무대에 오른 사람이 기억된다

드러내기의 설계 문법을 살펴보자. 제어해야 할 변수는 참여의 가치를 결정하는 **기회의 희소성**과 공유의 명분을 완성하는 **존재의 희소성**이다. 이 두 축이 맞물릴 때 브랜드는 사용자의 삶 속에서 확산한다.

기회를 희소하게 만드는 가장 단순한 방법은 한정판을 제작하거나 판매량을 축소시키는 것이다. 하지만 희소성의 본질은 부족함보다 타이밍과 접근을 통제하는 기술에 있다. 가치는 언제든 할 수 있는 일이 아닌, 지금뿐인 순간에서 발생한다.

이 체감을 만드는 장치가 **접근의 허들**이다. 허들은 넘어서는 순간 특별해진 기분을 만끽할 수 있는 적절한 높이에 설정되어야 한다. 그렇게 설계된 허들은 제약이 아닌 통과한 경험 자체가 공유하고 싶은 이야기가 된다.

기회의 희소성을 설계하기 전에 질문이 필요하다.

첫째, 그 기회는 누가 결정하는가.
시스템이 부여하는가, 개인이 쟁취하는가.
둘째, 그 기회는 어디서 발생하는가. 수량, 시간 등
외부 조건에서 오는가. 아니면 발견, 노력 등
내부 행위에서 오는가.

기획자는 자신의 브랜드가 사용자를 어떤 방식으로 돋보이게 할 것인지에 따라 전략적 좌표를 선택해야 한다. 이는 단순한 수량 조절을 넘어 사용자가 세상에 보낼 사회적 신호를 결정하는 지도와 같다.

먼저 접근의 희소성은 "나는 선택받았다"는 강력한 감각을 부여한다. 문턱은 소수에게만 허락될 때 비로소 사회적 신호가 되며, 항공사의 내빈 전용 라운지나 충성 고객에게만 전송되는 초대장이 이에 해당한다. 이러한 진입 장벽은 서비스 이용 권한을 넘어 그 안에 속했다는 사실만으로 특별한 지위를 증명하는 기제로 작동한다.

수량과 시간의 희소성은 구매를 경쟁의 장으로 바꾸며 "나는 승리했다"는 쾌감을 선사한다. 재고 수량을 실시간으로 표시하거나 마감 시점을 설정하는 방식은 일상에서 가장 흔히 마주치는 형태다. 여기서 핵심은 물건을 소유한 결과보다 누가 먼저 쟁취했는가를 시각적으로 기록하여 경쟁의 승리감을 극대화하는 데 있다. 상실 공포FOMO, Fear Of Missing Out를 자극하되, 물건을 산 것이 아니라 경쟁에서 이겼다는 기분을 전하는 것이 관건이다.

발견의 희소성은 "나만 알고 있다"는 은밀한 즐거움을 기반으로 설계된다. 이는 접근의 권한보다 누구나 할 수 있지만 아는 사람만 알아채는 가치에서 비롯된다. 메뉴판에 없는 비밀 메뉴나 공간의 숨겨진 디테일처럼 의도적으로 심어둔 요소들은 특정 맥락에서만 읽히는 귀한 정보가 되어 강력한 공유의 소재가 된다.

마지막으로 노력과 참여의 희소성은 "나는 증명했다"는 자부심을 완성한다. 쉽게 시도하기 어려운 수고가 들어갈 때 경험은 특별해지며, 맛집의 긴 줄을

견딘 과정 자체가 기꺼이 공유하고 싶은 기억으로 남는다. 브랜드는 소비자에게 새로운 수고를 요구하는 대신, 그들이 이미 축적해온 노력을 공인된 가치로 전환해줌으로써 이 희소성을 증명한다.

기회의 희소성은 강력한 유인책이지만 시간의 흐름에 따라 반드시 소진되는 한계를 지닌다. 초대장은 점차 풀리고, 반복되는 한정 수량은 익숙해지며, 뜨거웠던 대기 줄은 짧아지기 마련이다. 결국 지속 가능한 브랜딩을 위해서는 기회의 희소성을 넘어 존재의 희소성이 함께 작동해야 한다. 기회의 희소성이 사람을 공간 안으로 이끄는 입구라면, 존재의 희소성은 사람을 그 자리에 머무르게 만드는 뿌리다. 존재의 희소성이란 소비자가 브랜드나 콘텐츠 안에서 타인과 구분되는 나만의

| 기회의 희소성 |

	부여된 기회	쟁취한 기회
외적 조건 (수량, 시간, 접근권)	❶접근의 희소성 "나는 선택받았다"	❷수량/시간의 희소성 "나는 승리했다"
내부 행위 (발견, 노력, 참여)	❸발견의 희소성 "나만 알고 있다"	❹노력/참여의 희소성 "나는 증명했다"

방식으로 존재한다는 감각을 부여하는 정교한 설계다. 기회의 희소성이 시간이나 수량, 접근권과 같은 외적 조건으로 작동하는 동안, 존재의 희소성은 정서와 경험, 주권감이라는 내적 조건을 통해 완성된다. 외부의 제약을 넘어 사용자 내면의 특별함을 건드릴 때, 브랜드는 비로소 대체 불가능한 정체성을 획득한다.

이를 설계하는 경로는 두 가지다.

첫째, 결과는 같되 과정을 개인마다 다르게 구조화하는 방식이다. 워들이 대표적이다. 사용자는 결과보다 자기만의 시행착오와 사고 경로에 집중하며 존재감을 얻는다.
둘째, 과정과 결과가 같더라도 선택의 이유를 사용자마다 다르게 정의하도록 만드는 방식이다. 미스치프와 라코스테가 이를 보여준다. 브랜드가 단일한 정답을 강요하지 않고 해석의 여지를 남길 때, 사용자는 나만의 명분으로 브랜드를 점유하고 있다는 존재감을 느낀다.

앞서 살펴본 세 사례는 기회의 희소성과 존재의 희소성을 각각 다른 방식으로 조합했다. 어떤 좌표를 선택했는지, 그 위에서 존재의 희소성을 어떻게 얹었는지를 한눈에 정리하면 다음과 같다.

| 드러내기 설계: 사례별 조합 |

사례	기회의 희소성	존재의 희소성
워들	❷수량/시간 하루 한 번, 당일에만 허용되는 참여	과정의 개별화 같은 정답, 다른 사고 경로
미스치프	❶접근 + ❷수량 1,000장 한정, 0.1퍼센트의 진품 확률 설계	이유의 개별화 같은 종이, 다른 구매 명분
라코스테	❷수량 야생 개체 수와 일치시킨 생산량	이유의 개별화 같은 셔츠, 다른 착용 이유

이 표가 보여주는 사실은 명확하다. 기회의 희소성만으로는 사람을 머무르게 하는 데 한계가 있다. 존재의 희소성이 더해질 때 드러내기를 통한 갭 디자인이 완성된다.

드러내기가 무대 위에 올릴 대상을 고르는 전략이라면, 다음 질문은 정반대다. 무대 위에 너무 많은 것이 올라가면 시선은 분산된다. 소비자의 상상이 들어설 공간을 열려면 채우는 것이 아닌 과감히 잘라내는 기술도 필요하다.

잘라낸 자리에
상상이 들어선다

스위스 취리히의 한적한 거리에 행인들의 발길을 멈추게 하는 벽이 있다. 보통의 가게라면 통유리창으로 시선을 끌거나 간판으로 존재감을 드러냈을 것이다. 이곳은 정반대다. 통유리창이 천으로 가려져 있어 얼핏 문을 닫은 가게처럼 보일 정도다. 그런데 천막 한가운데 손바닥만 한 구멍이 뚫려 있다. 그 위에는 문장이 있다.

"Can you keep a secret?(비밀을 지켜줄 수 있나요?)"

비밀을 지켜줄 수 있느냐는 문구는 행인들의 호기심을 자극한다. 점잖은 신사는 길 한복판에서 기꺼이 허리를 숙이고, 아이들은 까치발을 든 채 얼굴을 들이민다. 젊은 부부는 지나가다 멈춰 함께 안을 들여다본다. 이곳은 바크앤본Bark&Bone이라는 애견 유치원이다. 구멍 너머에는 꼬리를 흔들며 노는 강아지들의 일상이 펼쳐진다. 이 작은 구멍 하나가 인스타그램에서 1,900만 회가 넘는 조회수를 기록했다.

천으로 가려진 유리창 한가운데 손바닥만
한 구멍이 있다. 이 구멍이 통창보다 더 많은
사람을 멈춰 세운다.

왜 사람들은 불편한 자세를 감수하며 구멍을 들여다보는가. 심리학자 블루마 자이가르닉Bluma Zeigarnik의 통찰이 여기에 깔려 있다. 인간의 정신은 과업이 시작되면 심리적 긴장 상태에 돌입하며, 과업이 완결되어야만 긴장을 해소한다. 중단되거나 잘려 나간 정보는 뇌에 해소되지 않은 긴장을 남긴다. 이를 자이가르닉 효과Zeigarnik Effect라고 한다.

통창으로 내부가 훤히 보이는 매장은 이미 완결된 문장처럼 한 번에 읽힌다. 천으로 가리고 일부만 잘라낸 구멍은 뇌에 해결되지 않은 '열려 있는 괄호'를 던지는 행위다. 미완성의 구조는 심리적 긴장을 유지시키며, 그 의문이 해소되기 전까지 대상을 깊이 각인시킨다.

잘라내기는 단순히 인식 면적을 줄이는 행위가 아닌, 상상력과 해석이 들어설 여지를 남긴 채 인지적 긴장을 설계하는 고도의 기술이다.

스필버그는 지느러미 하나로 1시간 21분을 버텼다

잘라내기는 완벽한 조건보다 결핍이 드러나는 환경에서

강력하다. 스티븐 스필버그의 1975년작 〈죠스〉가 이를 보여준다. 당시 20대 신예 감독이었던 스필버그는 상어 로봇 한 대에만 25만 달러를 쏟아부었지만 촬영이 시작되자마자 재앙이 닥쳤다. 기계 상어 브루스는 소금물에 닿자 유압 장치가 부식되어 터졌고, 무게를 이기지 못해 바다 밑으로 가라앉기 일쑤였다. 55일 예정이었던 촬영은 159일까지 늘어났으며 제작비는 통제 불능으로 치솟았다. 유니버설 스튜디오 내부에서는 감독 교체가 진지하게 거론될 정도였다.

스필버그가 해고 직전의 위기에서 선택한 것은 역설적이게도 잘라내기였다. 고장 난 상어를 수리하는 대신 상어의 실체를 포기했다. 화면에는 바다 위로 스치듯 떠오르는 지느러미만 남겼다. 여기에 존 윌리엄스John Williams의 긴박한 음악을 결합하고, 상어의 시점에서 희생자를 바라보는 수중 카메라 워킹을 더했다.

스필버그는 이 선택을 두고 나중에 이렇게 회고했다.

"상어 없이 이야기를 전달하는 방법을 생각해내는 수밖에 없었다. 그래서 알프레드 히치콕으로 돌아갔다. 히치콕이라면 이런 상황에서 어떻게 했을까. 실제로 보이지 않는 것이야말로 정말 무서운 것이다."

결핍이 전략으로 승화된 순간이었다. 관람객은 영화 시작 후 1시간 21분이 지나서야 상어의 온전한 모습을 마주했다. 러닝타임의 3분의 2가 지난 시점이었다. 상어의 전체 모습이 등장하는 시간은 4분 남짓이다. 나머지 시간은 지느러미와 테마 음악 그리고 침묵이 공포의 실체를 대신했다. 우리가 상어를 떠올릴 때 수면 위로 솟은 지느러미를 먼저 연상한다는 사실은 이 표상의 위력을 보여준다. 오해하지 말아야 할 지점이 있다. 바크앤본은 공간을 숨긴 것이 아니라, 보게 만들어야 할 핵심 하나만 남기고 나머지를 삭제했다. 〈죠스〉 역시 마찬가지다. 상어의 실체를 보여주는 대신, '지느러미'라는 표상 하나에 공포와 긴장을 집결시켜 나머지를 덜어냈다.

잘라내기는 정보의 결핍 그 자체가 아닌, 사용자의 주의력을 어디에 고정시킬지 결정하는 고도의 편집 기술이다. 잘라내기는 역설적이다. 잘라낼수록 소비자의 머릿속에서는 넓은 세계가 펼쳐진다. 통유리창 밖 강아지들이 훤히 보였다면, 〈죠스〉가 처음부터 상어를 드러냈다면, 그것은 해석이 아닌 전달에 그쳤을 것이다. 전달의 영역에서 대중은 정보를 소비하고 잊는다. 해석의 영역에서 대중은 잘려나간 곳에 자신만의 상상을 불어넣는다. 이것이 틈이다.

수면 아래에서 거대한 상어가
위로 향하고 있다. 실제 영화에서
이 모습이 등장하는 데 걸리는
시간이 1시간 21분이라는 사실이,
포스터를 다시 보게 만든다.

지느러미가 물 위를 가른다.
상어의 몸통은 보이지 않지만,
공포는 그 부재에서 온다.

잘라내기는 한계를 전략적으로 뒤집는 최고의
수단이다. 거대하고 화려한 조건을 갖추지 못했다면
결핍을 설계의 도구로 삼으면 된다. "우리는
이것뿐입니다"라는 고백이 아닌 "이 지점에 몰입해
보세요"라는 제안이 되어야 한다. 스필버그를 구한
것은 정교한 기계 상어가 아니라, 상어를 잘라낸 자리에
심어둔 관람객의 상상력이었다. 한계가 전략이 되는 순간,
브랜드는 덩치가 아닌 기억의 깊이로 승부한다.

곤잘레스-토레스,
사탕 79.3킬로그램이 사랑과 죽음을 말하는 법

펠릭스 곤잘레스-토레스Félix González-Torres의 대표작
〈"Untitled" (Portrait of Ross in L.A.) (L.A.에서의 로스의
초상)〉를 마주하면 관람객은 혼란에 빠진다. 제목에
'초상Portrait'이 들어가 있지만, 전통적인 초상화에 있어야
할 요소가 단 하나도 없기 때문이다. 캔버스도 없고
물감도 없다. 인물의 얼굴이나 몸, 표정조차 없다. 연인을
기리는 작품이라면 있어야 할 형상과 서사, 감정의 단서가
제거되어 있다.

전시장 한가운데에 남은 것은 하나다. 개별 포장지에 싸인 175파운드, 약 79.3킬로그램의 사탕 더미. 이 사탕은 그저 감상하는 대상이 아니다. 관람객은 사탕을 가져갈 수 있다. 사람들은 작품을 집어 들고, 입에 넣고, 녹여 삼킨다.

관람객은 질문과 마주한다.

"왜 사탕 더미가 한 사람의 초상인가?"

이 작품에는 시각적 단서가 없다. 사탕 더미만이 침묵한 채 놓여 있고, 작품은 미완의 상태로 열려 있다. 표상이란 경험이 지닌 감정과 의미를 응축한 핵심 유전자와 같다. 표상이 본질을 대변하지 못하면 관람객은 그것을 장식이나 장난으로 받아들인다. 표상이 전체임이 증명되지 않는 한 해석의 틈은 열리지 않는다.

토레스는 이 지점에서 치밀한 조건을 설계했다. 사탕 더미의 무게를 연인 로스가 건강했을 때의 실제 체중 79.3킬로그램으로 설정한 것이다. 이 수치가 선언되는 순간 전시장의 사탕들은 로스의 무게라는 실존적 대변성을 획득한다. 작가에게 필요한 표상은 불변의 영원성이 아닌 시간이 흐르면 사라지는 소모성이었다. 관람객이 사탕 하나를 집어 들면 로스의 몸무게는 줄어든다. 사탕을

먹을수록 로스는 조금씩 사라진다. 전시가 진행될수록
사탕 더미는 작아지고, 로스가 병으로 쇠약해지며
소멸해간 과정이 재현된다. 하지만 미술관이 다시 사탕을
채워넣으면 로스는 되살아난다. 사랑과 기억이 죽음을
넘어 반복되는 것처럼, 이 갱신의 구조는 소멸을 재생으로
전환하는 정교한 조형적 장치다.

토레스는 1995년 인터뷰에서 "그에게 병변이 생길
때마다 나는 그를 더 사랑했다"고 고백했다. 사탕이
줄어들수록 더 선명해지는 로스의 존재는 토레스가
실제로 살아냈던 사랑의 방식과 닮아 있다. 이를 체험하는
관람객의 머릿속에 틈이 열린다.

펠릭스 곤잘레스-토레스 〈"Untitled" (Portrait of Ross in L.A.)〉
바닥에 쌓인 사탕 더미를 직접 집어 들 수 있는 전시 현장이다. 무언가를
가져가는 행위가 어떻게 애도가 되는지, 보면서 이해하게 된다.

누군가는 녹아 없어지는 사탕의 달콤함에서 상실을 읽어내고, 누군가는 매일 아침 다시 79.3킬로그램으로 채워지는 사탕 더미를 보며 사랑과 재생을 목격한다. 토레스는 연인을 설명할 수 있는 수많은 서사를 잘라내고 사탕이라는 하나의 표상에 주의력을 집중시켰다.

그의 작품은 우리에게 이렇게 말하는 듯하다. 다 보여주려 애쓰지 마라. 시선을 분산시키는 친절을 거둬내라. 전체의 유전자를 품은 하나의 표상을 남기고, 그 표상이 왜 본질인지 증명하라. 관람객이 스스로 그 틈을 메우는 순간, 당신의 브랜드는 기억이 된다.

비리얼,
편집권을 통째로 잘라낸 앱

토레스가 연인의 부재를 사탕 79.3킬로그램이라는 표상으로 압축했듯, 본질을 선명하게 드러내기 위해 부수적인 요소를 덜어내는 전략은 예술의 경계를 넘어 비즈니스로 확장된다. 그 중심에 비리얼BeReal이 있다.

한국 독자들에게는 다소 생소할 수 있으나, 이 앱이 유럽과 북미 Z세대 문화권에 일으킨 파장은 가히

충격적이었다. 2020년 프랑스에서 출시된 이후 단 2년 만에 현지 앱스토어 상위권을 석권하며 인스타그램과 틱톡을 위협하는 대안 플랫폼으로 우뚝 섰다. 2022년 말 기준 월간 활성 사용자MAU는 수천만 명에 달했으며, 2024년 6월에는 프랑스의 게임사 부두Voodoo가 약 5억 달러에 비리얼을 인수했다. 이는 유럽 스타트업 인수 역사에서도 손에 꼽히는 기록적인 규모였다. 이들이 이토록 열광적인 지지를 얻은 이유는 명확하다. "인스타그램은 가공된 세계이고, 비리얼은 실재하는 세계다"라는 인식을 구조적으로 증명했기 때문이다.

지난 10여 년간 소셜미디어는 '더 화려하고 완벽하게'라는 한 방향으로만 진화해왔다. 보정 필터와 AI 수정 기능은 정교해졌고, 사진을 찍는 행위는 '자기 자신을 편집하는 일'이 되었다. 수십 장 중 잘 나온 한 장을 고르고, 피부 톤을 매만지고, 배경의 잡티를 지우고, 반응이 뜨거운 타이밍을 계산한다. 일상은 가공해야 할 소재가 되었다. 비리얼은 이 편집권을 통째로 잘라낸다. '진솔해져라'라는 이름처럼 연출된 서사가 끼어들 틈을 구조적으로 봉쇄하는 것이다.

비리얼에는 보정 필터는커녕 수정 기능조차 없다. 매일 무작위로 알림이라는 강제 소환장을 날릴 뿐이다.

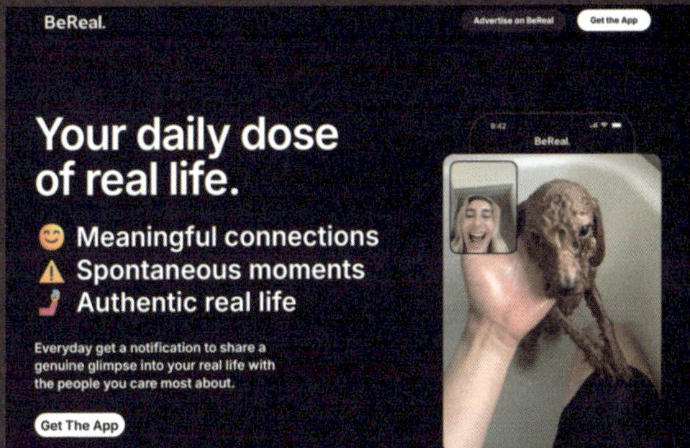

후면에는 강아지가, 전면에는
웃고 있는 민낯이 동시에 담겼다.
고르거나 숨길 수 없는 이 두 장의
병치가 비리얼이 설계한 편집
불가능성의 전부다.

알림이 울리는 순간 전 세계 사용자는 2분 안에 자신의 현재를 증명해야 한다. 카메라는 전면과 후면을 동시에 포착한다. 내가 바라보는 풍경과 그 앞에 선 나의 민낯이 결합되며, 보여주고 싶은 것 뒤로 자신을 숨길 공간은 사라진다. 재촬영 횟수까지 친구들에게 공유되는 구조 속에서 사용자는 연출의 의지를 내려놓는다. 포즈를 고안하거나 배경을 선택할 여유가 사라진 자리에 "지금 나는 어떤 상태인가?"라는 본질적인 질문만이 남는다. 비리얼이 남긴 표상은 단순히 편집되지 않은 사진이 아니다. 우연성과 동시성, 비편집성이 맞물려 만들어낸 정체성의 단면이다. 가공된 서사를 걷어내고 사용자의 정체성을 응축한 표상만 남겼다.

앞서 말했듯 하나의 표상이 힘을 갖기 위해서는 그것이 전체를 대표한다는 증명이 필요하다. 이러한 정당성이 결여된 시도는 자칫 불편한 디자인이나 기괴한 콘셉트에 그칠 위험이 있기 때문이다. 하루의 가치는 기획한 이벤트에 있지 않다. 오히려 숨 쉬듯 흘러가는 평범한 연속성에 존재한다. 기존 소셜미디어가 하루의 빛나는 1퍼센트를 선택해 나머지 99퍼센트를 소외시켰다면, 비리얼은 예고 없는 알림을 통해 99퍼센트의 평범함 중 무작위 한 장면을 채취하여 하루 전체를 대변하게 한다.

이 과정에서 사용자의 작위적인 의도성은 잘려 나간다. 시스템이 지정한 우연한 순간이 나의 하루를 대표하는 것이다. 이때 한 장의 사진은 그날 전체를 증언하는 완벽한 전체의 알리바이가 된다. 어질러진 책상이나 졸음 섞인 표정이 그날의 온도를 증명한다. 비리얼은 편집권을 잘라냄으로써 무작위로 추출된 한 장의 사진에 하루라는 질량을 고스란히 담아냈다.

무엇을 느껴야 하는지 지시하거나 하이라이트를 설명하는 대신, 의미를 열어둔 채 놓아두는 것. 그 열린 자리에 사용자의 해석이 스며드는 순간, 갭 디자인이 설계한 해석의 틈은 비로소 강력하게 작동한다.

남긴 것 하나가
전체를 증명한다

잘라내기가 전략이 되려면 세 과정을 거쳐야 한다. 대상을 쪼개고, 본질만 남기고 나머지를 잘라내고, 남긴 것이 전체를 증명하는지 확인하는 단계다.

첫 번째는 쪼개기다. 대상을 뭉텅이로 보고 있으면 무엇이 본질이고 무엇이 지엽인지 구분하기 어렵다. 해상도가 낮아 픽셀이 깨진 사진처럼 경계가 불분명하기 때문이다. 이때 기획자는 전달하고자 하는 메시지가 속한 영역의 구성 요소를 세밀하게 분해해야 한다.

소셜 앱이라면 촬영 기능, 필터, 업로드 방식, 소통 구조 같은 항목을 나열하는 식이다. 분해의 목적은 각 요소가 사용자의 인식 범주에서 어떤 상태를 만드는지 정확히 파악하는 데 있다.

다음은 잘라내기다. 비리얼을 보자. 필터는 사용자를 꾸며야 하는 상태로 밀어넣는 장치다. '좋아요'는 타인의 시선에 자신을 고정시키는 구조다. 재촬영과 삭제의 자유는 편의가 아닌 감출 수 있는 상태를 허용하는 안전망이다. 비리얼이 추구한 '진짜 나'를 담는 데 이 기능들은 필요 요소가 아닌 제거의 대상일 뿐이다. 비리얼은 필터와 편집권, 관리 권한을 과감히 잘라냈다. 그 자리에 사용자가 통제할 수 없는 무작위성과 사실 그대로의 사진만을 남겼다. 여기에 '하루 한 번, 2분 이내'라는 규칙을 더해 이 표상이 작동할 최적의 조건까지 설계했다.

펠릭스 곤잘레스-토레스의 작품도 동일한 논리로 작동한다. 우리는 보통 얼굴, 이름, 생전의 기록 등으로

존재를 기억하며 추모를 시각화한다. 하지만 각 요소가
만드는 인식의 상태를 점검하면 한계가 명확하다. 얼굴은
존재를 특정할 수 있지만 상실이 진행되는 과정을
드러내지 못한다. 이름은 기억을 호출하지만, 사라짐이
축적되는 시간을 전달하지 않는다. 서사는 이해를 돕지만
상실의 변화를 몸으로 체감하게 만들지 못한다. 이
기준에서 보면 당연하다고 여겨온 요소들은 설명의 도구일
뿐 상실을 인식하게 만드는 핵심 장치는 아니다. 토레스가
남긴 것은 이름도 얼굴도 아닌 무게였다. 토레스에게
중요한 것은 연인을 어떻게 묘사할 것인가보다는 상실이
어떤 상태로 경험되는가에 있었다. 그가 공유하고자
한 상실은 갑작스러운 사건이 아니라 서서히 체감되는
변화다. 무게는 그 변화를 드러내는 지표가 된다. 관람객은
사탕 하나를 집어 들며 사라짐에 개입하고 감소를
목격하며 상실의 과정 속에 놓인다.

마지막은 증명이다. 추출된 표상이 핵심 유전자라면
그것이 전체를 담아낼 수 있음을 보여줘야 한다. 증명은
관람객의 머릿속에서 일어나는 인식의 연쇄로 확인한다.
표상은 생략이 아니다. 전체의 정보량을 보존한 채 압축된
최소 단위여야 한다. 증명에서 중요한 것은 얼마나 많은
말을 덧붙이느냐가 아니다. 관람객의 머릿속에서 얼마나

짧은 인식의 연쇄가 작동하느냐다. 표상을 마주한 순간
의미는 한 단계씩 미끄러지듯 이어지며 전체에 도달한다.
연쇄가 길어질수록 해석은 분산되고, 단계가 늘어날수록
확신은 약해진다. 증명에 성공한 표상은 3~4단계 안에서
전체를 호출한다. 비리얼의 구조가 그렇다. 무작위
2분이라는 규칙이 연출 불가능을 직감하게 하고, 편집권이
사라진 사진은 사실의 기록이 되며, 한 장이 하루 전체의
진실성을 승인한다. 토레스의 작업도 같다. 사탕 한 알의
소멸이 무게의 감소로, 무게의 감소가 쇠약과 상실로
이어지며, 관람객은 해석하기도 전에 이해한다.

　　표상에서 전체로 이어지는 연쇄가 짧고 선명할수록
표상은 부분에 머물지 않는다. 관람객은 그 조각 안에서
전체를 본다기보다 다시 겪는다. 증명에 성공한 표상의
진정한 힘은 완결성이 남긴 틈에서 나온다. 핵심만을

| 인식의 연쇄: 표상에서 전체로 |

	1단계	2단계	3단계	4단계
비리얼	무작위 2분	연출 불가 → 편집 불가	사실성	진짜 하루
토레스	사탕 한 알	달콤함 & 소멸 → 무게 감소	쇠약 상실	그리운 연인

남기고 나머지를 잘라낸 행위는 정보를 줄인 게 아니다. 관람객이 들어와 숨 쉴 수 있는 공간을 설계한 것이다. 잘라낸 단면이 선명하고 필연적일 때 관람객은 그 단면을 붙잡고 보이지 않는 나머지를 스스로 복원한다.

잘라내기의 본질은 덜 보여주는 데 그치지 않고, 남긴 것 하나에 전체의 무게를 싣는 데 있다. 그 하나가 전체를 증명하는 순간, 빈자리는 소비자 각자의 상상과 기억으로 채워지며 비로소 강력한 틈이 열린다.

앤디 워홀과 원본성의 역설

앤디 워홀은 펜실베이니아주 피츠버그의 슬로바키아 이민자 가정에서 태어났다. 카네기 공과대학교에서 상업 디자인을 전공한 뒤 뉴욕에서 광고 일러스트레이터로 경력을 쌓으며 상업적 감각을 익혔다. 이러한 배경은 1960년대 초, 그가 캠벨 수프 캔과 코카콜라 병 같은 대량 생산 제품을 미술의 영역으로 끌어들이는 토대가 되었다. 그는 실크스크린 기법을 활용해 익숙한 상품 이미지를 반복

인쇄하며, 예술과 상품의 경계를 무너뜨리는 파격적인
행보로 미술계에 거대한 파란을 일으켰다.

워홀이 던진 질문은 단순하면서도 파괴적이었다.
"똑같은 이미지를 수십 장 찍어낸다면, 무엇을 원본이라
부를 것인가." 그는 이 질문을 자신의 작업 방식에
투영했다. 작업실 이름조차 팩토리Factory, 즉 공장이었다.
워홀은 예술을 공장식 생산 공정 위에 올려놓음으로써,
오직 유일무이한 원본에만 가치를 부여해온 기존
미술 시장의 근간을 완전히 재편했다. 아티스트 그룹
미스치프가 워홀의 진품 1점을 위작 999점에 섞어
원본성을 소멸시킨 행위는, 워홀이 평생 추구했던 복제의
철학을 가장 극적인 방식으로 실현한 사례다.

펠릭스 곤잘레스-토레스

펠릭스 곤잘레스-토레스는 사랑과 상실, 정체성과
죽음처럼 인간이 감당하기 버거운 주제를 다뤘다. 그가
주제를 풀어낸 방식은 당대 미술의 주류 흐름과는 궤를
달리한다. 수많은 예술가가 분노와 고발, 강렬한 이미지로
사회를 직격하려 할 때, 토레스는 오히려 정제되고 절제된
언어를 선택해 관람객의 내면을 파고들었다.

작품의 재료는 사탕, 시계, 전구, 종이 더미처럼

일상에서 흔히 마주치는 사물들이었다. 지극히 평범한 이 사물들은 토레스의 시선을 거치며 사랑과 상실, 시간과 죽음의 서사를 담아내는 고요한 그릇으로 변모했다. 1988년 첫 개인전을 시작으로 38세의 나이로 세상을 떠나기까지 활동 기간은 10년이 채 되지 않았지만, 그는 현대미술에 지워지지 않는 인장을 남겼다. 짧은 생애 동안 남긴 소수의 작업이 오늘날까지 전 세계 미술관과 브랜드의 레퍼런스로 끊임없이 소환된다는 사실은, 잘라낸 표상 하나가 전체를 어떻게 대변할 수 있는지 보여주는 가장 강력한 증거다.

5

최고의 틈

비워두기의 기술

공백이 아닌
여백이다

지금까지 틈을 만들기 위한 여섯 가지 전략을
살펴보았다. 거리두기는 기존 의미와의 간격을 만들고,
충돌하기는 낯선 존재를 부딪쳐 인식의 균열을 일으킨다.
경계넘기는 해석의 범위를 넓히고, 물들이기는 감정의
침투를 유도한다. 드러내기는 숨겨진 층위를 노출하고,
잘라내기는 핵심에 시선을 집중시킨다.

이 전략들과는 결이 다른 접근이 하나 더 있다.
틈을 의도적으로 만드는 단계를 넘어, 틈 자체를 전면에
내세우는 방식인 **비워두기**다.

1952년 뉴욕의 한 콘서트홀, 피아니스트 데이비드
튜더David Tudor가 무대에 올라 피아노 앞에 앉았다.
관람객은 연주를 기대하며 숨을 죽였으나, 그는 건반 대신
스톱워치를 꺼내 들었다. 조심스레 악보를 넘길 뿐 하나의
음도 연주하지 않았다. 당황한 관람객 사이로 웅성거림이
번졌고, 누군가는 헛기침하거나 의자를 고쳐 앉았다.

4분 33초가 흐른 뒤, 악보를 접어 들고 무대를
내려왔다.

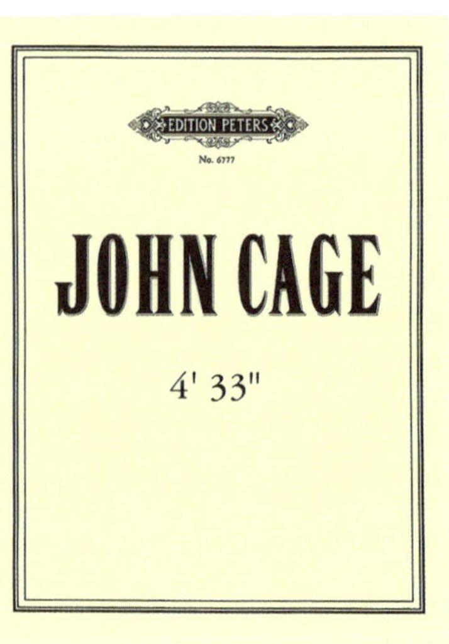

〈4분 33초〉 악보 표지
작곡가 이름과 제목만 남긴 이 표지가,
이 작품이 무엇인지를 이미 말하고 있다.

존 케이지John Cage의 〈4분 33초4'33"〉는 그렇게 탄생했다. 음악을 연주하는 대신 음악이 있어야 할 자리를 통째로 비워둔 방식이었다. 선율을 내려놓고 연주 형식을 비워내자 그 틈 사이로 청중의 숨소리와 의자의 삐걱거림, 건물 밖의 소음이 밀려들었다.

이 작품을 '침묵의 곡'으로 오해하는 이들이 많지만 본질은 정반대다. 연주의 주체와 방식을 통째로 뒤집어, 아무것도 하지 않는 침묵이 아닌 공간에 이미 존재하던 소리를 드러내는 틀을 제시했기 때문이다. 이 곡은 세 악장으로 나뉘어 있다. 제1악장에서 관람객은 기대를 배신당하며 타인의 숨소리를 대면한다. 제2악장은 정적이 길어지며 당혹감이 웅성거림과 헛기침을 만들어내고, 이것이 홀을 채우는 제2의 악기가 된다. 제3악장에 이르러 청중은 무대 위가 아닌 지금, 여기의 소리에 집중한다. 창밖의 빗소리나 바람 소리가 음악의 주인공이 되는 순간이다. 음악은 숙련된 연주자의 선율로 채워져야 한다는 고정관념을 비워내자 그 자리를 채운 것은 청중의 반응과 현장의 소음이 직조해낸 우연의 합연이었다. 작곡가의 권위를 내려놓고 완결된 메시지를 비워두었을 때 주변 환경과 관람객이라는 세계가 음악 안으로 접속된다.

주목할 지점은 이 비워짐이 무질서가 아니라는

사실이다. 〈4분 33초〉는 엄격한 시간 규격, 등장과 퇴장의 격식, 악장 구분이라는 전통적 시스템을 유지했다. "비워두라"고만 했다면 방치에 불과했을 것이다. 실제로 초연 당시 관람객은 분노했고 음악의 종말이라는 비판이 쏟아졌다. 하지만 이 작품은 음악의 정의를 청각적 경험 전체로 확장하며 현대미술과 퍼포먼스 아트, 철학에 영향을 미쳤다. 완결된 결과물을 선사하던 시대에서 의도적으로 자리를 비워 함께 가치를 완성하는 시대로의 전환이 일어났다. 명확한 틀이 존재했기에 우연한 소리들은 잡음의 지위를 벗어나 음악이라는 자격을 얻을 수 있었던 것이다.

이것이 비워두기를 통한 갭 디자인의 핵심이다.

브랜드도 사용자의 삶에 유연하게 흘러들 수 있도록 낮은 담장을 세워야 한다. 낮은 담장을 지향하는 한국 건축의 미학, 차경借景 역시 그 본질에서 비워둠을 말한다. 차경은 경치를 빌려오는 것을 뜻한다. 한국은 담장의 높이부터 다르다. 대청마루에 앉았을 때 담장은 시선을 가로막는 벽이 아닌 바깥 풍경을 부드럽게 떠받치는 낮은 기단이 된다. 중국과 일본이 담장 안에서 자연을 통제의 대상으로 접근했다면, 한국 전통 건축은 담장을 낮게 비워둠으로써 능선과 계절이 스스로 집 안으로

들어오게 한다. 한국의 차경은 외부 풍경을 인위적으로
재단하지 않는다. 환경이 스스로 들어와 변화하도록
자리를 내주는 방식을 취한다. 풍경을 가져온다기보다
먼저 한 발 비켜서 자리를 내어주는 겸손한 태도다. 풍경을
위해 자리를 내어주는 한국의 차경은 의도적 비움이
무엇인지를 보여준다. 말하지 않는 것이 말하는 것보다
강력한 힘을 발휘하며, 바로 그 비워진 틈에서 사용자의
이야기가 시작된다. 이러한 비움은 공백이 아닌 여백이다.
둘은 표면적으로 비슷해 보이지만 의도에서 상반된다.
공백의 '공空'은 텅 빔, 의도 없이 비어 있는 자리다. 여백의
'여餘'는 '남을 여'를 의미하며, 주체적인 의도를 가지고
일부러 남겨둔 전략적 빈자리다. 즉, 무엇을 덜어내고
무엇을 남길지 치열하게 판단하여, 오직 해석과 집중을
위해 자리를 비워두는 고도의 기획 행위다.

　　여백은 높은 수준의 개입을 요구한다. 무엇을
말하지 않을지, 어디까지 설명하지 않을지 결정하는 일은
무엇을 채울지 정하는 것보다 훨씬 정교한 판단을 필요로
한다. 대부분의 브랜드는 본능적으로 공백을 채우려
한다. 오해를 피하고 빠르게 이해시키기 위해 정보를
쏟아붓는 것이다. 하지만 비워두기는 공급자의 권위를
잠시 내려놓고, 사용자가 서사를 함께 완성하도록 자리를

양보하겠다는 전략적 결단이다.

박서보,
평생을 비움에 바친 한국의 거장

이 비움의 미학을 평생에 걸쳐 증명해온 이가 있다. 한국
현대미술의 거장 고故 박서보 화백이다. 그의 대표작
〈묘법〉 시리즈는 의도적 비움이 도달할 수 있는 경지를
보여준다.

　1970년대 한국은 전쟁의 상흔과 산업화의 열망이
뒤엉킨 혼돈의 시대였다. 전통적 가치는 무너지고 서구의
현대적 사조가 밀려오던 교차점에서 박서보를 필두로
한 예술가들은 우리만의 고유한 언어를 찾기 위해
치열한 질문을 던졌다. 그들은 서구의 기법을 모방하는
대신, 매일의 호흡과 인고의 시간을 화면에 쌓아 올리는
방식을 선택했다. 인위적 기교를 걷어내고 절제와 비움을
핵심으로 삼는 이 감수성이 훗날 세계 미술계가 주목하는
단색화Dansaekhwa의 뿌리가 되었다.
　단색화는 단순히 한 가지 색깔로 그린 그림이 아니다.

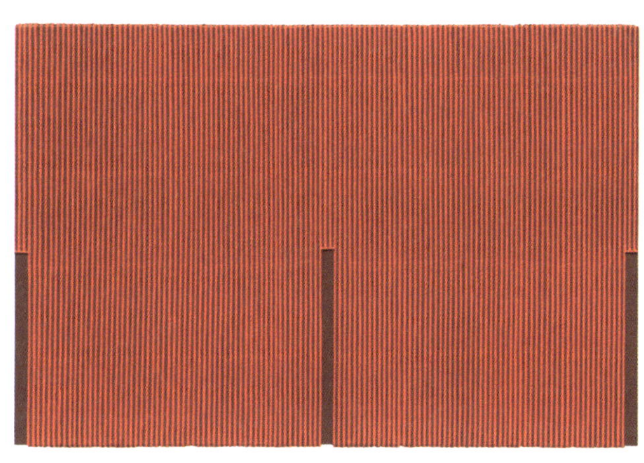

박서보 〈묘법 No.110615〉
하나의 색이 화면을 덮고,
그 위로 수없이 반복된 선의 결이
쌓여 있다. 보려 할수록 보이지
않고, 멈출수록 느껴지는 것이
이 작품이 설계한 여백이다.

박서보 화백은 이 점을 명확히 정의했다.

"단색화는 수행을 통해 '나'를 비워내는 일이며,
캔버스는 생각을 쏟아내는 마당이 아니라
생각을 비워내는 마당이다."

그가 강조한 단색화의 3대 요소는 행위의 무목적성, 행위의 무한반복성, 그리고 그 과정에서 생성된 흔적을 정신화하는 것이다. '무엇을 표현했느냐'보다 '반복을 통해 무엇이 비워졌느냐'가 핵심이다. 자신을 드러내는 데 집중하는 서양 미술과 달리, 박서보는 철저히 비워냄의 길을 택했다.

박서보의 대표작 〈묘법〉은 어린 자녀의 투박한 빗금에서 시작되었다. 젊은 시절 박서보 화백은 둘째 아들이 격자 칸 공책에 글자를 써넣으려 애쓰는 모습을 지켜보았다. 형처럼 정교하게 글자를 쓰려고 끙끙대던 아이는 결국 뜻대로 되지 않자 체념한 듯 연필로 공책을 마구 그어버렸다. 당시 '마음을 비운다'는 철학을 어떻게 시각화할지 깊이 고민하던 박서보는 그 투박한 빗금에서 결정적인 깨달음을 얻었다. 무언가를 완벽하게 재현하거나 표현하려는 욕망을 내려놓는 행위, 즉 체념 자체가 예술의

작업 중인 박서보 화백

본질이 될 수 있음을 직감한 것이다. 이후 그는 작품에서 무엇을 보여줄 것인가라는 기획된 목적성을 과감히 걷어냈다.

〈묘법〉은 단색의 침묵으로 시작된다. 캔버스가 균일한 색으로 덮이는 순간 대상을 찾으려는 눈의 시도는 중단된다. 대신 시선은 물감의 결, 리듬, 그 안에 축적된 시간에 머문다. 쉼 없는 반복은 기술의 과시가 아닌 작가의 의도를 비워내는 수행이다. 반복이 거듭될수록 작가의 욕망은 휘발되고 캔버스에는 리듬과 시간의 흔적만이 축적된다. 박서보는 이 감각을 음식의 맛을 느끼는 일에 비유하며, 수십 번 반복했을 때 비로소 우러나오는 "깊은 맛"이라고 설명했다.

박서보 화백의 비워두기는 무작위적 제거가 아니다. 무엇을 끝까지 붙잡을 것인가를 결정하는 고도의 기획 행위다. 그가 끝까지 붙잡은 가치는 단색과 반복이었다. 〈묘법〉은 특정 메시지를 강요하지 않기에 관람객은 해석의 압박에서 자유로워진다. 작품 앞에 서서 함께 존재하는 경험 자체가 이 작품의 역할이다. 관람객의 질문은 "무엇을 의미하는가"에서 "나는 지금 무엇을 느끼는가"로 전환된다. 누구에게는 고요함으로, 누구에게는 호흡처럼, 또 누구에게는 시간의 축적으로 다가가는 것이다. 어떤 감상도 정답이 된다.

단색과 반복이 여백의 뼈대라면 관람객을 그 안으로 이끄는 장치도 있다. 아무리 넓고 튼튼한 방이라 해도 들어가는 문을 찾지 못하면 관람객은 담장 밖을 서성일 뿐이다. 박서보는 이 문을 미술사적 지식 대신 인간이 갈구하는 치유의 정서로 설계했다. 이는 빛의 속도로 변화하는 디지털 시대 속에서 스트레스에 신음하는 현대인들에게 그가 내놓은 답이었다.

그는 단색화를 다음과 같이 정의했다.

"단색화는 흡인지처럼 보는 사람의 고뇌를 빨아들여 편안하게 돌려주는 치유의 미술이다."

관람객이 **치유**라는 문고리를 잡고 해석의 의무를 내려놓는 순간, 안도감과 함께 놀라운 변화가 일어난다. 작가의 의도를 추적하던 수동적인 관찰자에서 벗어나, 텅 빈 여백 위에서 자기만의 이야기를 써 내려가는 능동적인 주체가 되는 것이다. 이는 작가가 설계한 여백의 뼈대와 관람객의 고뇌가 만나는 접점이자, 비워두기를 통한 갭 디자인이 브랜드가 소비자에게 건네는 진정한 환대의 메시지로 승격되는 순간이다.

박서보는 그림을 그리는 행위를 "죽음과 싸우는 일"이라 말하면서도 이젤 앞에 서는 즐거움을 끝까지 강조했다. 평생에 걸쳐 실천한 비움의 미학은 오늘날 우리에게 묵직한 화두를 던진다.

무인양품,
이름부터가 비워두기의 선언인 브랜드

비움을 브랜드의 중심 철학으로 삼고 반세기 가까이

증명해온 기업이 있다. 이름부터가 비워두기의 선언인 무인양품無印良品이다.

무인양품을 미니멀리즘 트렌드를 풍미했던 브랜드로 기억하는 이들도 있다. 1980년 일본 유통 그룹 세이유의 PB상품으로 출발한 이들의 행보는 반세기가 지난 지금까지 견고한 위상을 유지하고 있다. 수많은 브랜드가 화려하게 명멸할 때 무인양품이 남을 수 있었던 이유는 단순하다. 채우려는 욕망이 지배하는 시장에서 브랜드라는 이름조차 비워내고 제품의 본질과 사용자의 삶만 남겨두었기 때문이다. 무인양품의 비움은 로고, 디자인, 타깃이라는 세 가지 층위에서 전략적으로 작동한다.

첫째, 로고의 삭제다. 로고는 브랜드의 존재를 증명하는 표식이지만, 무인양품은 이 상징을 과감히 제거했다. 제품 표면에서 브랜드 이름이 사라지자 물건은 특정 취향이나 집단을 대변하는 도구에 한정되지 않고, 어떤 공간과 삶에도 유연하게 스며드는 중립적인 존재가 되었다.

둘째, 디자인의 정제다. 유행을 좇아 화려한 형태나 색을 덧붙이는 대신, 시간이 흐를수록 가치가 선명해지는 비례와 질감을 선택한다. 이는 특정 시대의 취향에 종속되지 않겠다는 강력한 의지의 표명이다.

무인양품은 고객이 자신의 생활을
자유롭게 대입해볼 수 있는
거대한 틈을 제공한다.

셋째, 타깃의 확장이다. 우리 제품은 누구를 위한 것이라고 단정 짓는 마케팅의 관성을 거부한다. 특정 나이와 라이프스타일을 전면에 내세우는 대신, 누구나 사용할 수 있는 보편적인 표준을 제안한다.

이들이 비우는 과정 뒤에 끝까지 남긴 것은 결국 제품의 본질이다. '세워지는 이중 지퍼백', '쌓을 수 있는 수납함' 같은 제품명은 감정을 자극하는 수사를 걷어내고 물건의 목적만을 직설적으로 담아낸다. 기능만을 남기고 의미는 비워두는 고도의 명명 방식인 셈이다.

눈에 보이는 형식은 비우되, 보이지 않는 곳에는 정밀한 설계를 남겼다. 수년 전 구매한 수납함과 오늘 산 선반이 완벽하게 결합되는 치수 체계, 교체 가능한 부품의 표준화, 규격의 일관성은 사용자가 자신의 공간에 맞춰 물건을 확장하거나 재구성할 수 있는 자유를 보장한다. 법적 고지나 안전 지침, 소재 원산지 같은 필수 정보도 비움의 대상이 되지 않는다. 무인양품의 비워두기는 정밀한 규칙과 기준 위에서 성립한다.

이러한 비움의 축적은 무한한 확장성을 부여한다. 무인양품은 소매 상품에서 시작해 주택 설계, 호텔 운영, 자동차와 전기자전거까지 영역을 넓혔다. 산업 구분만 놓고 보면 광범위한 행보임에도 사람들은 자연스럽게 이렇게 말한다.

　　　"아, 무인양품답게 했네."

　　이는 어떤 영역에서도 동일한 감각과 태도가
유지된다는 신뢰의 표현이다. 브랜드가 특정 제품군에
갇히지 않고 자유롭게 유영할 수 있는 비결은 처음부터 그
자리를 비워두었기 때문이다.

　　결국 무인양품이 마지막으로 남긴 가치는 이 정도면
충분하다는 감각이다. 누구에게는 합리적 가성비로,
누구에게는 과하지 않은 라이프스타일로, 누구에게는
생활의 기본값으로 각기 다르게 해석되더라도, 모두가
충분함이라는 울타리 안에 머문다. 비워진 여백 속으로
각자의 삶이 스며드는 순간, 비워두기를 통한 갭 디자인은
브랜드가 아닌 사용자의 삶을 중심에 두는 궁극의 설계로
완성된다.

레고,
완성을 비워두자 상상의 여백이 열리다

무인양품이 물건에 담긴 과잉을 걷어내 사용자의 생활
방식이 머물게 했다면, 레고는 상상의 여백으로 무한한
세계를 창조하게 유도했다.

1932년 덴마크의 목수 올레 키르크 크리스티안센[Ole
Kirk Christiansen]이 세운 레고는 '잘 놀다'라는 뜻의 덴마크어
'LEG GODT'에서 유래했다. 전 세계 130여 개국에 진출해
매초 1,000개 이상의 브릭을 생산하는 거대 기업이지만,
그 여정이 늘 평탄했던 것은 아니다. 1990년대 후반
비디오 게임의 부상은 레고를 파산 위기로 몰아넣었으나,
레고는 오히려 이를 체질 개선의 기회로 삼았다. 단순한
블록 제조사를 넘어 영화, 게임, 테마파크를 아우르는
강력한 IP 기업으로 스스로를 재정립했다. 레고는 더 이상
어린이의 전유물이 아니다. 성인을 위한 정교한 놀이
도구이자 수집의 영역으로 확장되었다.

성공의 핵심은 레고의 제품 철학에 있다. 레고는
다른 장난감과 달리 완성된 단 하나의 정답만을 강요하지
않는다. 레고의 가장 강력한 비워두기는 완결된 형태의
부재다. 시리즈마다 완성된 표본이 있지만 반드시 따라야

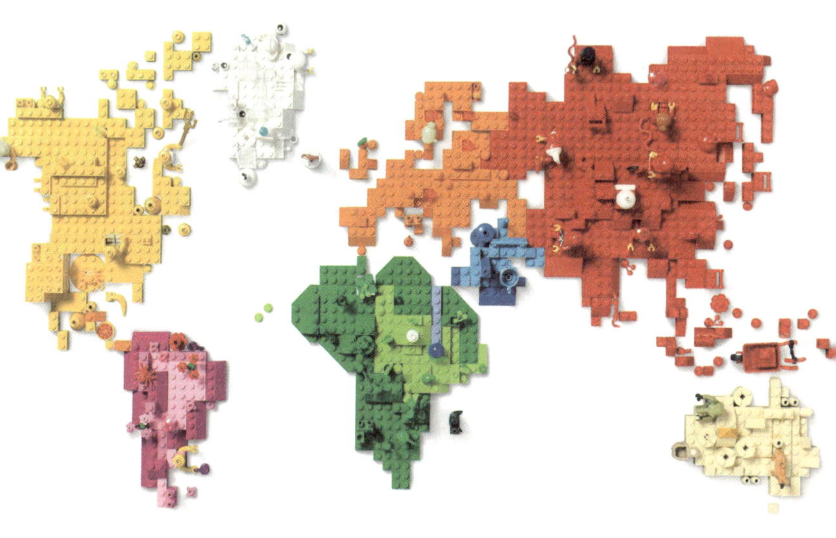

수많은 브릭이 쌓여 세계
지도가 되었다. 이 지도는 언제든
다시 흩어져 전혀 다른 무언가가
될 수 있다는 점에서 가능성의
집합이 된다.

하는 유일한 정답은 아니다.

보통의 정교한 장난감은 제조사가 모든 디테일을 결정한다. 고정된 눈코입, 꺾이지 않는 날개, 위치가 정해진 바퀴처럼 형태가 구체적일수록 소비자가 할 수 있는 건 관찰하거나 각본대로 움직이는 것뿐이다. 레고 브릭에는 고정된 역할이 없다. 하나의 붉은 사각형 브릭은 누군가에게는 소방차의 차체, 다른 이에게는 성벽의 벽돌, 또 누군가에게는 이름 모를 행성의 대지가 된다. 제조사가 형상을 고정하지 않았기에 사용자는 브릭과 브릭 사이의 빈틈에 자신의 사유를 채워 넣으며 물건의 의미를 직접 정의한다. 완결된 장난감 앞에서 소비자는 수동적 수혜자에 불과하지만, 레고의 브릭 앞에서는 세계를 재구성하는 능동적인 설계자로 거듭난다.

무인양품에 치수 표준이 있다면 레고에는 클러치 파워Clutch Power라 불리는 정교한 결합 시스템이 있다. 브릭이 '딸깍'하며 맞물리는 이 감각은 어떤 브릭을 집어 들어도 동일한 결과값을 보장하는 공학적 확신이다. 1958년에 생산된 초기 브릭이 2026년 오늘 공장에서 나온 브릭과 완벽하게 결합된다. 반세기가 넘는 시간 동안 테마와 색채는 진화했으나, 결합의 규칙만큼은 철저히 고수해온 결과다. 이 결벽에 가까운 공정은 레고가 비워둔 상상의 공간을 지탱하는 물리적 보증수표다. 만약 결합 규격까지 비워두고 변형했다면 레고는 그저 플라스틱 무더기에 불과했을 것이다. 연결의 최소 시스템을 엄격히 남겨두었기에 사용자는 역설적으로 무엇이든 만들 수 있는 구조적 자유를 획득한다. 가장 엄격한 구속이 가장 거대한 자유의 토대가 된 셈이다. 레고가 규격을 지키는 진짜 이유는 역설적으로 언제든 다시 떼어내기 위함이다. 한 번 결합한 브릭을 분리할 수 없거나 쉽게 헐거워진다면, 그것은 무한한 변주의 도구가 아닌 일회용 접착제에 불과하다. 이 정밀한 규격은 해체 이후에도 브릭 본연의 가치를 훼손하지 않는 완벽한 복원력을 보장한다.

결국 무한한 상상의 세계로 안내하는 레고의 출입문은 언제든 다시 부숴도 좋다는 약속이다. 매뉴얼대로 완성했더라도 원한다면 언제든 낱개의 브릭으로 되돌릴 수 있으며, 특정 시리즈의 브릭은 다른 시리즈에서도 유기적으로 활용된다. 이 출입문은 해체와 재조립이라는 끝없는 순환을 향해 활짝 열려 있다.

비워야
채워진다

비워두기는 막연한 미학이 아니다. 더 많은 판단과 설계를 요구하는 전략이다. 무엇을 말하지 않을지 결정해야 하고, 어디까지 설명하지 않을지를 선택해야 하며, 여백이 작동할 최소한의 좌표를 설정해야 하기 때문이다. 이 판단이 흔들릴 때 비움은 단순한 공백으로 전락하지만, 구조가 분명할 때 비움은 고객과 브랜드를 잇는 연결 장치가 된다.

여백은 저절로 생기지 않는다. 비우겠다는 판단이 선행될 때 만들어진다. 구성 요소의 개수를 줄이는 문제보다 소비자가 자신의 경험과 감각을 투영할 수 있는 자유의 범위를 확보하는 과정에 가깝다.

덜어내야 할 핵심은 명확하다. 공급자가 내리는 결론을 유보하는 것이다. "이것은 이런 목적을 위해 만들어졌고, 당신은 이렇게 느껴야 한다"는 결론을 전면에 내세우는 순간 사용자는 그 목적에 부합하는지만 판단하는 심사역으로 전락한다. 결론이 명확할수록 해석은 시작되기도 전에 종료된다.

비워두기에 실패한 사례들의 공통점은 덜어내기는

했지만 남겨둔 기준이 없다는 것이다. 모든 것을 비워버리면 여백은 공백이 된다. 해석은 자유로울 수 있지만 방향을 잃고 흩어진다. 여백을 지탱하려면 사용자가 즉각적으로 붙잡을 수 있는 무언가가 남아 있어야 한다. 박서보 화백은 작품의 의도를 비웠지만 반복된 행위로 드러나는 물리적 질감을 남겼다. 무인양품은 브랜드의 개성을 비웠지만 철저하게 계산된 규격을 남겼다. 레고는 완결된 형상을 비웠지만 결합력을 남겼다. 세 경우 모두 비운 것과 남긴 것이 분명했다. 여백은 그 경계 위에서 견고하게 유지된다.

물론 그것만으로는 충분하지 않다. 그 안으로 들어설 실마리가 없다면 사람들은 멀리서 바라보다 지나친다. 빈 공간 앞에서 본능적으로 망설이게 되기 때문이다. 채워야 할 것 같은 불안, 잘못 채울지도 모른다는 두려움, 그 비어 있음이 자신의 몫이 아닐 수 있다는 겸손함이 발목을 잡는다. 여백에는 하나가 더 필요하다. 자신의 이야기를 써넣어도 좋다는 심리적 허락이다.

우리는 이미 그 허락의 세 가지 형태를 목격했다.

박서보의 캔버스는 **치유**를 내밀었다. 작가가 수만 번의 선을 그으며 번뇌를 비워냈듯 당신의 고통도 이 반복의 질감 위에 쏟아부어도 좋다는 무언의 초대였다.

무인양품은 **충분하다**는 한마디로 소유의 강박을
풀어주었다. 비어 있음이 결핍이 아니라 풍요임을
납득하는 순간 소비자는 안도감과 함께 여백 안으로
들어선다. 레고의 허락은 가장 도발적이다. **부숴도 좋다.**
브랜드가 설계한 완성품이라 해도 사용자의 의지에 따라
언제든 낱개로 되돌려도 괜찮다는 파괴의 면허다. 실패의
두려움이 걷히는 순간, 사용자는 소비하는 객체를 넘어
세계를 짓고 허무는 창조의 주체로 거듭난다.

언어는 다르지만 작동 원리는 일치한다. 허락은
여백의 소유권을 공급자에서 사용자로 이전하는 행위다.
이 한마디가 전부다.

"이 빈자리는 당신의 것이다."

자기 방에 들어선 사람은 머무르고, 꾸미고, 결국 다시
찾아온다.

누가 먼저
그 자리에 서 있는가

우리나라에서 가장 높은 건물은 롯데월드타워다. 555미터, 123층의 압도적인 높이는 지상에서 바라보는 것만으로도 경외감을 자아낸다. 수익성 관점에서 이 수직 구조물은 비효율의 산물에 가깝다. 건물이 일정 높이를 넘어서면 안전 설계와 공법의 복잡성이 기하급수적으로 치솟고, 유지·관리 비용도 일반 건축물의 범주를 벗어난다. 가용 면적 대비 수익성만 따지면 초고층은 합리적인 선택이라 볼 수 없다.

그럼에도 롯데를 비롯한 기업과 전 세계의 도시들이 이 비효율적인 선택에 집착하는 이유는 명확하다. 산술적 수익률을 압도하는 독보적 포지셔닝에 대한 갈망 때문이다. 국내 최고층이라는 지위는 단순한 숫자가 아니다. 서울이라는 거대 도시의 스카이라인을 재정의하는 시각적 지배력이자, 방문객에게 반드시 거쳐야 할 장소로 각인되는 심리적 영토의 선점이다.

물론 우리 모두가 마천루를 세울 자본을 가진 건 아니다. 롤렉스나 페라리가 수십 년간 쌓아온 헤리티지를 단숨에 추월하는 것도 불가능에 가깝다. 그렇다고 독보적 존재가 되는 길을 포기할 필요는 없다. 거인들이 점유한 영토가 아무리 광활해도 그들이 발견하지 못한 틈새와 이름 붙여지지 않은 인식의 땅은 언제나 존재한다.

지금까지 탐구해온 방법론들은 거대 자본의 물리적 장벽 앞에서 어떻게 틈을 설계해 독보적 존재감을 획득할 것인가에 대한 응답이다. 포지셔닝을 시장 점유율의 문제로 오해하기 쉽지만 본질은 다르다. 파이를 나누는 점유율이 아닌 시장의 규칙을 정의하는 기준율의 문제다.

소비자에게 해석의 틈을 전달하고 의도적 여백을 설계하는 것은 세상을 바라보고 제품을 평가하는 기준 자체를 선점하는 일이다. 의도적으로 비워둔 틈은 사용자에게 해석의 주권을 넘기는 것처럼 보이지만 동시에 그 해석이 일어나는 장소와 좌표를 선점하는 전략이 된다. 사용자가 여백에 자신의 경험을 끌어와 의미를 덧붙일수록 그 서사는 브랜드와 분리될 수 없을 만큼 얽힌다. 논리로 이해된 브랜드는 잊히지만, 이렇게 얽힌 브랜드는 습관처럼 호출된다.

현대미술의 본질 자체가 선점이다. 예술의 세계에서 아무리 뛰어난 작품이라도 두 번째가 되는 순간 아류라는 낙인이 찍힌다. 현대예술의 가치는 얼마나 정교한가보다 누구도 보지 못한 인식의 영토를 누가 먼저 선점했는가에

의해 결정된다. 이 책에서 다루었던 작가들과 작품들은
이 선점의 전쟁에서 자신만의 틈을 설계해 영토를 확보한
나침반이다. 인식의 영토를 확보하려는 전쟁은 때로
극단적인 갈등으로 번진다. 현대미술계를 뒤집어놓은
벤타블랙 사건이 그렇다.

벤타블랙은 원래 항공우주와 군사 목적으로 개발된
나노 물질이다. 탄소나노튜브 사이로 빛을 가두어
가시광선의 99.96퍼센트를 흡수한다. 이 물질을 발견한
아니쉬 카푸어Anish Kapoor는 제조사와 계약해 예술적 독점
사용권을 사들였다.

아니쉬 카푸어 〈Non-Object Black〉
QR을 찍으면 벤타블랙으로 제작된 조각이 나타난다. 가시광선의
99.96퍼센트를 흡수하는 이 절대적인 검은색은 사물의 명암과 굴곡을
완전히 지워버린다. 정면에서는 평평한 평면처럼 보이지만 각도를 트는 순간
비로소 입체가 드러나는데, 이 시각적 교란 자체가 카푸어가 선점한
인식의 영토다.

전 세계 예술가들은 격노했다. 표면적으로는 "색은 모두의 것이어야 한다"는 도덕적 항의였으나 이면에는 더 본능적인 공포가 있었다. 가장 검은 그림이라는 독보적 지위를 단 한 명에게 영원히 선점당했다는 예술적 상실감이었다.

카푸어는 단순한 물질이 아닌, 그 물질이 상징하는 인식의 정점을 독점했다. 그는 "가장 어두운 검정은 우리 자신 안에 품고 있는 검정"이라 말하며 안료가 인간 내면의 심리를 건드리는 영역임을 증명했다. 이에 반발한 스튜어트 셈플Stuart Semple이 카푸어만을 제외한 전 세계 모두가 사용할 수 있는 'Pinkest Pink(가장 분홍다운 분홍)'을 개발한 것도 본질은 같다. 독점적 포지셔닝에 대항하는 또 다른 포지셔닝의 구축이었다.

이 선점의 원리는 책장 너머 당신의 삶에서 작동해야 한다.《포지셔닝》의 저자 잭 트라우트Jack Trout와 알 리스Al Ries는 포지셔닝을 "제품이 아닌 잠재 고객의 마음에 하는 것"이라고 정의했다. 유일하게 중요한 현실은 이미 고객의 마음속에 존재하는 인식뿐이다. 롯데월드타워는 부동산 개발을 넘어 대중의 인식 속에 최고층이라는 깃발을 꽂았으며, 그 정점에 서 있다는 사실 자체가 브랜드의 권위이자 강력한 진입장벽이 된다.

인공지능이 누구나 일정 수준 이상의 결과물을 내놓는 시대를 열었다. 기능은 복제되고 성능은 상향 평준화된다. 이 환경에서 승패를 가르는 것은 더 잘 만드는 기술이 아닌, 언제 가장 먼저 호출되는가이다.

마케팅의 진짜 전쟁터는 공장이나 매장이 아니다. 그것은 고작 여섯 인치의 회색 물질6-inch gray matter, 즉 인간의 뇌 속에서 벌어지는 치열한 심리전이다. 15센티미터 남짓한 그 좁은 인식의 공간에서 가장 먼저 자리를 잡은 브랜드가 결국 승리한다. 특정한 결핍이나 욕구의 순간, 누군가의 머릿속에 가장 먼저 떠오르는 이름이 되는 것. 그 자리를 먼저 차지하는 것이 바로 이 책이 말하는 틈의 본질이자 성공의 열쇠다.

막대한 자본이나 유리한 상황에 기대지 않고도 독보적인 호출을 이끌어내는 관점과 방법, 그것이 바로 우리가 지금까지 논의한 틈이자 갭 디자인이다. 갭 디자인은 지극히 평범한 조건의 주자들이 기존의 경쟁 문법을 깨고 선택의 판도를 뒤집어, 거대한 체급의 한계를 넘어 소비자에게 강렬하게 각인되는 길을 안내할 것이다.

존 케이지

〈4분 33초〉의 악보에는 단 하나의 음표도 존재하지 않는다. 각 악장 위에는 오직 'TACET(조용히)'라는 지시어만 놓여 있을 뿐이다. 이 명령은 단순히 아무것도 하지 말라는 권고가 아니다. 작곡가의 목소리를 지움으로써 공연장의 모든 소리를 환대하겠다는 가장 능동적인 의지의 표명이다. 이 전무후무한 시도는 우연히 탄생한 해프닝이 아니었다. 케이지는 현대음악의 거장 아르놀트 쇤베르크Arnold Schönberg의 제자였으나, 고정된 질서에

안주하지 않고 1년 만에 스승의 곁을 떠났다. 이후 그는 동양 철학과 주역, 선禪 불교의 '불확정성'에 깊이 매료되었다. 1951년 하버드대학교의 무향실에서 자신의 신경계가 내는 소리를 들으며 "완전한 침묵이란 존재하지 않는다"는 사실을 깨달은 그는, 이듬해 그 깨달음을 〈4분 33초〉라는 실체로 구현해냈다. 케이지의 비워두기 전략은 연주 방식에서도 드러난다. 그는 피아노 줄 사이에 나사못, 고무, 유리, 깃털 등 온갖 잡동사니를 끼워 넣어 전혀 새로운 타악기적 음색을 만들어내는 '준비된 피아노Prepared Piano'를 선보였다. 이는 피아노라는 악기가 가진 전통적인 선율을 비워내고, 그 자리를 소음의 합연으로 바꾼 갭 디자인의 전형이었다.

그의 파격은 한국의 전위예술가 백남준에게도 거대한 영감을 주었다. 1959년 백남준은 〈존 케이지에게 보내는 경의〉라는 퍼포먼스에서 도끼로 피아노를 부수며 케이지의 철학에 화답했다. 이듬해에는 케이지의 넥타이를 가위로 잘라버리는 기행을 선보였고, 몇 년 뒤 케이지 역시 백남준의 피아노를 도끼로 박살 내며 이 기묘한 우정을 이어갔다. 클래식 비평가들에게는 '미친 짓'이라는 혹평을 들었으나, 두 천재에게 파괴는 곧 기존 질서의 비워둠을 상징하는 가장 강렬한 경의의 표시였다.

박서보

박서보가 캔버스 위에서 증명해낸 비움의 힘은 그를 은둔하는 수행자에 머물게 하지 않았다. 1986년부터 1990년까지 베니스 비엔날레 한국관 커미셔너로서 작가 선정과 기획을 이끌며 한국 미술의 세계화를 주도했다. 한국 미술만이 가진 감수성을 세계 무대에 안착시키려 한 선구자적 행보였다. 2000년대 이후 단색화가 세계 미술계에서 다시 주목받은 흐름의 중심에 있었다. 2023년 작고하기까지 그는 한국 현대미술의 지평을 끝없이 확장해온 거장이자 비워둠으로써 더 넓은 세계와 접속할 수 있음을 몸소 보여준 설계자였다.

단색화

단색화는 수행을 통해 '나'를 비워내는 일이다. 처음 소개될 때는 서양의 맥락을 빌려 'Korean Monochrome Painting'으로 번역됐지만, 서양의 모노크롬과는 출발점부터 궤를 달리한다. 모노크롬이

무엇을 보여줄 것인가라는 결과론적 화면에 집중한다면
단색화는 반복된 행위를 통해 무엇이 비워졌는가에 핵심이
있다. 그래서 단색화의 '색'은 색깔이 아니라 존재의
상태로 읽어야 한다.

에
필
로
그

당신의
종이 위에
남은 선

이 책을 처음 펼쳤을 때 프롤로그에서 독자들에게 한 가지 제안을 건넸다. 하얀 종이 한 장을 곁에 두고 영감을 얻을 때마다 선을 하나씩 그어보자고. 직선이든 곡선이든, 굵든 가늘든, 미리 그어놓은 선을 지우는 것조차 모두 괜찮다고 했다. 그저 영감의 흔적을 기록해보라는 요청이었다.

마지막 장을 덮는 이 시점에서 묻고 싶다. 당신의 종이 위에는 지금 몇 개의 선이 그어져 있는가. 그 궤적들은 당신의 삶에서 어떤 틈을 발견하게 했는가.

중요한 것은 선의 개수가 아니다. 이 책을 통과하는 시간 동안 **영감**이라는 주제로 스스로 탐구했고 변화의 흔적을 남기려 시도했다는 사실 그 자체다.

책이 마무리되는 지금 당신의 시선이 머물고 사유가 녹아든 그 종이 한 장을 액자에 넣어 책상 한편에 놓아두길 권한다. 그것은 낙서가 아니다. 당신의 세계관이 외부의 정보와 충돌하며 빚어낸 의미의 결정체이자 당신이 만들어낸 첫 번째 현대미술 작품이다.

그 작품을 마주할 때마다 이 책이 남긴 감각들이 당신을 깨우는 파동이 되기를 바란다. 당신이 세상에 내놓을 브랜드와 메시지, 당신의 고유한 삶이 누군가의 머릿속에 가장 먼저 호출되는 독보적인 틈으로 완성되기를 응원한다.

책을 마무리하며 언제나 나의 든든한 뿌리가 되어 주는 사랑하는 부모님과 동생에게 이 책을 바친다. 집필이라는 긴 항해에서 등대가 되어준 나의 소울메이트 정향이에게도 깊은 감사를 전한다. 서툰 점이 많던 시절부터 가능성을 믿어주신 많은 스승과 동료들에게도 감사드린다.

특히 중앙대학교 경영경제대학 전영민 겸임교수님(前 롯데벤처스 대표이사), 야나두 김민철 대표님, 김수민 의원님, 롯데하이마트 문병철 상무님, 하영수 상무님, 그리고 첫 사회생활의 길잡이가 되어 주었던 SK브로드밴드 요한이 형. 함께 성장해가고 있는 든든한 동생 의진이.

긴 시간 집필에 몰두하느라 오랫동안 찾아뵙지 못했던 미안함과 고마움을 이 책으로 전하고 싶다. 또한 집필 과정에서 이미지 게재를 흔쾌히 허락하고 응원해주신 미스치프MSCHF, 다니엘 아샴Daniel Arsham, 데이비드 보웬David Bowen, 박서보재단 관계자분들, 우오즈라Uozura 관계자분들, 부토의 임희원 셰프님께도 깊은 감사의 마음을 전한다. 끝으로 이 책의 주제와 메시지를 믿어주고 투박했던 원고를 아름답게 빚어 세상 밖으로 이끌어준 미래의창 출판사와 관계자분들에게 감사드린다.

작품 목록

제목 옆에 ■ 표기가 있는 작품은 본문의 QR 코드를 통해 상세 이미지와
관련 내용을 확인할 수 있다.

1. 틈이란 무엇인가

루이 다게르, *Boulevard du Temple*, 1838, 다게레오타입(은판사진),
국립미술사박물관 소장

2. 시선을 빼앗는 법

파블로 피카소, 황소, State II/XI, 1946 – 64, 아르슈 종이에 석판화, 32.9×44.5cm,
워싱턴 내셔널갤러리 소장(Ailsa Mellon Bruce Fund) ■
파블로 피카소, 황소, State XI/XI, 1946 – 64, 아르슈 종이에 석판화, 29.2×37.5cm,
워싱턴 내셔널갤러리 소장(Ailsa Mellon Bruce Fund) ■
론 뮤익, *A Girl*, 2006, 폴리에스터 레진·유리섬유·아크릴, 110.5×134.5×501cm ■
캐슬린 라이언, *Bad Lemon (Seed)*, 2024, 각종 원석(마노·자수정·옥 등)·
스틸 핀·폴리스티렌, 45.7×44.5×47cm, Courtesy Gagosian ■

3. 경험을 재편하는 법

데이비드 보웬, *tele-present wind*, 연도 미상, 가변크기
다니엘 아샴×포켓몬, *Blue Standing Pikachu*, 2024, 캐스트 레진,
33×21.5×15cm ■
다니엘 아샴, *Bronze Eroded Astronaut*, 2022, 브론즈·폴리싱 스테인리스 스틸,
205.7×152.4×152.4cm
다니엘 아샴, *Eroded Delorean*, 2018, 스테인리스 스틸·강화
플라스틱·석영·황철석·페인트, 114×421.6×185.7cm
로만 온닥, *Measuring the Universe*, 2007, 장소 특정적 설치,
뉴욕 현대미술관 소장 ■
르네 앙투안 우아스, *미네르바와 주피터의 승리*, 1706, 캔버스에 유채,
130×184cm, 베르사유 궁 소장

4. 기억에 남기는 법

MSCHF, *Museum of Forgeries*, 2021, 혼합매체
펠릭스 곤잘레스-토레스, *"Untitled"* (Portrait of Ross in L.A.)〉, 1991, 사탕(개별 포장),
가변크기(이상적 무게 79.3kg), 시카고 아트 인스티튜트 소장 ■

5. 최고의 틈

박서보, *묘법 No.110615*, 2011, 캔버스에 한지와 혼합매체, 130×200cm
아니쉬 카푸어, *Non-Object Black*, 2021 – 2022, 벤타블랙, 18.6×31.8×23.1cm,
Courtesy Lisson Gallery ■

이미지 출처

19면	Uozura(uozura.jp)
26면	Wikimedia Commons
41면	Liquid Death (liquiddeath.com)
48면	부토
50면	NASA (nasa.gov)
61면	GENTLE MONSTER (gentlemonster.com)
67면	IKEA Canada
87면	David Bowen (Instagram @davidbowenart)
91면	Courtesy the artist and Perrotin
97면	Samsung Electronics (samsung-upcyclepackaging.com)
105면	Wikimedia Commons
114면	Uniqlo (youtube @Uniqlo France)
127면	Wikimedia Commons
129면	Wordle
133면	Alpha Exploration Co.
136면	MSCHF
139면	LACOSTE
141면	LACOSTE
149면	Barkandbone (Instagram @_barkandbone)
153면	Universal Pictures
159면	BeReal (bereal.com)
172면	Wikimedia Commons
177면	박서보재단
179면	박서보재단
183면	Wikimedia Commons
187면	The LEGO Group (lego.com)

현대미술에서 훔쳐온 욕망의 공식

왜 끌리는 브랜드에는 틈이 있을까

초판 1쇄 발행 2026년 5월 21일

지은이 윤상훈
펴낸이 성의현
펴낸곳 미래의창

편집 김다울
디자인 공미향
홍보 & 마케팅 권장규 · 이건효 · 김채영

등록 제2019-000291호
주소 서울시 마포구 잔다리로 62-1 미래의창빌딩(서교동 376-15, 5층)
전화 070-8693-1719 **팩스** 0507-0301-1585
홈페이지 www.miraebook.co.kr
ISBN 979-11-24073-21-6 03320

※ 책값은 뒤표지에 표기되어 있습니다.

생각이 글이 되고, 글이 책이 되는 놀라운 경험. 미래의창과 함께라면 가능합니다.
책을 통해 여러분의 생각과 아이디어를 더 많은 사람들과 공유하시기 바랍니다.
투고메일 togo@miraebook.co.kr (홈페이지와 블로그에서 양식을 다운로드하세요)
제휴 및 기타 문의 ask@miraebook.co.kr